康有为与儒学的"新世"

从儒学分期看儒学的未来发展路径

干春松 著

华东师范大学出版社

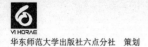

华东师范大学出版社六点分社　策划

关注中国问题
重铸中国故事

缘　　起

在思想史上,"犹太人"一直作为一个"问题"横贯在我们的面前,成为人们众多问题的思考线索。在当下三千年未有之大变局中,最突显的是"中国人"也已成为一个"问题",摆在世界面前,成为众说纷纭的对象。随着中国的崛起强盛,这个问题将日趋突出、尖锐。无论你是什么立场,这是未来几代人必须承受且重负的。究其因,简言之:中国人站起来了!

百年来,中国人"落后挨打"的切肤经验,使我们许多人确信一个"普世神话":中国"东亚病夫"的身子骨只能从西方的"药铺"抓药,方可自信长大成人。于是,我们在技术进步中选择了"被奴役",我们在绝对的娱乐化中接受"民主",我们在大众的唾沫中享受"自由"。今日乃是技术图景之世界,我们所拥有的东西比任何一个时代要多,但我们丢失的东西也不会比任何一个时代少。我们站起来的身子结实了,但我们的头颅依旧无法昂起。

中国有个神话,叫《西游记》。说的是师徒四人,历尽劫波,赴西天"取经"之事。这个神话的"微言大义":取经不易,一路上,妖魔鬼怪,层出不穷;取真经更难,征途中,真真假假,迷惑不绝。当下之中国实乃在"取经"之途,正所谓"敢问路在何方"?

取"经"自然为了念"经",念经当然为了修成"正果"。问题是:我们渴望修成的"正果"是什么?我们需要什么"经"?从哪里"取经"?取什么"经"?念什么"经"?这自然攸关我们这个国家崛起之旅、我们这个民族复兴之路。

清理、辨析我们的思想食谱,在纷繁的思想光谱中,寻找中国人的"底色",重铸中国的"故事",关注中国的"问题",这是我们所期待的,也是"六点评论"旨趣所在。

点 点
2011.8.10

Contents 目录

1 导语 思想、权力与历史
Introduction: thinkings, power and history

14 第一章 "儒学第三期发展"与现代新儒家的儒学史叙述
Chapter One: "Confucianism's third period of development" and modern Neo-confucian's narrative about Confucianism history

19 一、牟宗三的"儒学第三期发展"
One. MouZongsan: "Confucianism's third period of development"

28 二、杜维明:空间拓展的三期说
Two. Tu Weiming: The third period discussion on space development

35 三、李泽厚:"儒学四期",对儒学三期说的修正
Three. Li Zehou: Confucianism's fourth period amendment on Confucianism's third period discussion

43 第二章 儒法斗争和儒教:意识形态化历史叙事中的儒家
Chapter Two: conflict between Confucianism and Legalismand Confucianism: Confucianism on ideological history narrative

55 第三章 现代儒学"游魂"何处归
Chapter Three: Modern Confucianism Where does "wandering souls" belong to

64 第四章 工业东亚与儒家资本主义
Chapter Four: Industrialized East Asia andConfucian capitalism

78 第五章 康有为与现代儒学的产生
Chapter Five: Kang Youwei and the foundation of modern Confucianism

82 一、康有为的"历史局限"抑或"历史局限"下的康有为
One. Kang Youwei's "historical limitation" or Kang Youwei under "historical limitation"

98 二、截断众流:康有为的自我定位
Two. Blocking the flow: self-evaluation of Kang Youwei

105 三、"新世":康有为对所处时代的认知
Three: "new era" Kang Youwei's recognition on the time his positioned in

113 第六章 何以康有为当得起一个分期的界标
Chapter Six: Why was Kang Youwei labeled as a milestone of Confucianism

115 一、重新阐发儒学的精神以及厘定的儒学史
One. Reconsider Confucian spirit and rewrite the history of Confucianism

119 (一)确立以《春秋》为核心的儒家经典系统
Establish the classical system of Confucianism with *Chun Qiu* as its core

126 (二)公羊口说与儒家大道
Gong Yang's Oral passing and Confucianism thoroughfare

130 二、立国之道:作为政治改革家的康有为
Two. Method of a country's foundation: Kang Youwei as political reformer

144 三、人道教与孔教会:保教与立国
Three. Religion of Humanity and Confucianism: salvation of religion and the foundation of the country

155 四、《大同书》与儒学的未来向度
Four. *Datong Book* and Confucianism's future orientation

173 结语 康有为:现代儒学的起点
Conclusion: Kang Youwei: Start of modern confucianism

177 后记
Epilogue

导语　思想、权力与历史

对历史的书写往往难以避免被史家的立场所左右，尤其是对于思想发展和学派演变的描述，则更容易受到史家自身的思想倾向和同时期政治环境的影响。比如，同为汉代的史官，司马谈基于社会治理的角度，认为儒家所强调之君臣、父子、夫妇、长幼之别，是不可移易的。不过，他认为儒家以六艺教人，则会让人"博而寡要，劳而少功"。① 在司马谈看来，道家，即黄老道学，则是"因阴阳之大顺，采儒墨之善，撮名法之要，与时迁移，应物变化，立俗施事，无所不宜，指约而易操，事少而功多"，②最合适成为治国之道。

不过，到了班固编《汉书·艺文志》的时候，史官对儒家的评价就不同了："助人君顺阴阳明教化者也。游文于六经

---

① 《史记·太史公自序》。
② 司马谈：《论六家要旨》。

之中,留意于仁义之际,祖述尧、舜,宪章文、武,宗师仲尼,以重其言,于道最为高。"①在他的笔下,道家能够汲取历史的成败之教训和摸索人生祸福成败之原委,则是其优点,但是弃绝仁义则是其缺陷,而儒家则能"留意于仁义之际",可为治国之上策。

由《论六家要旨》到《汉书·艺文志》对于儒道的不同评价中可以看到,在历史叙述中,权力、个人立场等因素复合交织,对历史书写会产生极大的影响。汉初时期,黄老道学作为时代的主导思想,史书对于儒家之评价呈现贬抑之态,而黄老道学本身亦是司马谈所接受的重要思想倾向。而《汉书》成书于东汉,此时儒学独尊已成定势,班固则因受其家庭世代习儒之风的浸染,也势必会影响到他对儒家之地位和作用的评价。

将司马谈和班固进行比较,或许会引起人们对于东汉时期儒家独尊的联想。其实,虽然思想史的叙述会经常受到权力因素的支配,但是相比于政治组织或者纯粹的政治话语,思想的话语时常会"溢出"权力的逻辑而获得独立的发展。即使是对于司马谈和司马迁父子来说,我们依然不能因司马谈推崇黄老而将其思想背景简单化,史称司马谈受《易》于杨河,习道于黄生,那么他的思想背景则应当是儒道兼容的,这也是汉初大多数知识人士的知识面向。相比之下,司马迁

---

① 《汉书·艺文志》。

却更为接近于儒家,因其受业于董仲舒,所以他深谙公羊义法。在史记中,将孔子列为"世家",应该是受到"为汉制法"、"素王"等思想潮流的影响。而对于黄老道家的精神源头——老子,在司马迁的叙述格局中则仅仅是将之与申不害和韩非之类的法家归为一类,这便令道家思想与阴谋和刻毒牵连在一起了。

司马迁对先秦儒学脉络的梳理可见于《儒林列传》,他颇以公羊家的立场强调,在孔子以鲁国的史记作《春秋》以当"王法"之后,后世儒者乃是继承这个"王法"自任的。在司马迁的笔下,孔子怀着"吾道穷矣"的悲叹离世。

> 自孔子卒后,七十子之徒散游诸侯,大者为师傅卿相,小者友教士大夫,或隐而不见。故子路居卫,子张居陈,澹台子羽居楚,子夏居西河,子贡终于齐。如田子方、段干木、吴起、禽滑釐之属,皆受业于子夏之伦,为王者师。是时独魏文侯好学。后陵迟以至于始皇,天下并争于战国,儒术既绌焉,然齐鲁之间,学者独不废也。于威、宣之际,孟子、荀卿之列,咸遵夫子之业而润色之,以学显于当世。①

这段话中最可注意者则是司马迁肯定了孟子和荀子对于孔子思想的传承,并以《孟子荀卿列传》的方式确立了"孟

---

① 《史记·儒林列传》。

荀齐号"的儒家思想史叙述格局。

对于司马迁《孟子荀卿列传》的"笔法",历史上多有讨论。一般的看法认为,司马迁在文中以众多的周秦诸子作为背景来衬托孟荀,而在处理孟荀的关系时,司马迁尽管主观上更为推崇孟子,但也同样肯定荀子在传承孔门礼学方面的贡献。

所以,一般来说,汉代是孟荀并称的。不过,确定汉代儒学独尊地位的制度性的表征是经学的形成和与之相对应的五经博士的设立。

儒家文本的经典化,其开端是汉武帝建元五年(公元前135年)的"置五经博士"。这无疑是中国制度史和中国思想史的转折性事件。首先,这个决定使《诗》、《书》、《礼》、《易》、《春秋》五部儒家文献正式被官方确立为"经典",使儒家思想正式被确立为国家意识形态。其次,五经博士的设立,将自战国以来就存在的"博士"职官转变为儒家的"独享"。从此,不仅"博士"得以作为官秩,博士弟子也获得了正式的出身。

五经博士制度的设立,究其实是为了维护经典的神圣性和权威性,但是也由此发展出经典本身传授系统的封闭性,比如家法、师法的出现,使经典的传授系统不能违背某一经学解释系统创始者的模式。因此,博士们所从事的经学便大多只能关注词章训诂之学,难以自由发挥。而由经学的制度性传播所带来的巨大的社会效应必然会导致经学博士在设立方面的"竞争"。最为典型的是西汉末年刘歆所发动的争立以《左传》为代表的"古文"经为官学的活动,对于这次争论的讨论已然很多,然本文所要关注的则是这次争论的核心——已经列入五经博士的"官儒"针对古文经试图跻身"官学"所展开的一次政治斗争。因此,在制度化儒学确立之后,儒学的争论就难以摆脱与政治的勾连,进而具有意识形态争论的意味。不同的是,在先秦时期,儒学或许是道家、墨家、法家等诸子的"公共论敌",而自汉之后,儒学的义理争论往往出现在儒家的内部,比如西汉末年刘歆与今文经学群体就因为立《左传》为"博士"演变为一场政治斗争。

非官方学术的活力使东汉的古文经学得到强劲的发展,而以《白虎通义》为代表的综汇诸家解释的官方化努力强化了儒家经典的"标准化",使儒家经典既能够为统一的大一统政权提供合法性解释,也能为社会的稳定运行提供政治、法律和社会伦理的全方位的依据。如此这般的解释和实践活动被称为"通经致用"。

"通经致用"的实践性固然为汉代的政治社会治理所必需,然其负面的倾向则是由"标准化"带来的僵化以及对"性"与"天道"存而不论。这也导致了魏晋士人行为与思想趣味之间的悖论,即他们的行为或许笃守孝道,但其思维之兴致却转而为老庄所吸引。对此,陈寅恪在《冯友兰〈中国哲学史〉下册审查报告》中有确然的分析。

《中庸》之"车同轨,书同文,行同伦",(即太史公所谓:"至始皇乃能并冠带之伦"之伦)为儒家理想之制度,而于秦始皇之身,而得以实现之也。汉承秦业,其官制法律亦袭用前朝。遗传至晋以后,法律与礼经并称,儒家周官之学说悉采入法典。夫政治社会一切公私行动,莫不与法典相关,而法典为儒家学说具体之实现。故二千年来华夏民族所受儒家学说之影响,最深最巨者,实在制度法律公私生活之方面,而关于学说思想之方面,或转有不如佛道二教者。如六朝士大夫号称旷达,而夷考其实,往往笃孝义之行,严家讳之禁。此皆儒家之教训,固无预于佛老之玄风者也。释迦之教义,无父无君,与吾国传统之学说,存在之制度无一不相冲突。输入之后,若久不变易,则决难保持。是以佛教学说能于吾国思想史上,发生重大久长之影响者,皆经国人吸收改造之过程。其忠实输入不改本来面目者,若玄奘唯识之学,虽震动一时之人心,而卒归于消沉歇绝。近虽有人焉,欲然其死灰;疑终不能复振。其故匪他,以性质与环境互相方圆凿枘,势不得不然也。六朝以后之道教,包罗至广,演变至繁。不以儒教之偏重政治社会制度,故思想上尤易融贯吸收。凡新儒家之学说,似无不有道教或与道教有关之佛教为之先导。①

---

① 陈寅恪:《冯友兰中国哲学史下册审查报告》,载《陈寅恪史学论文选集》,511页。上海:上海古籍出版社,1992年。

佛教的传入与建制性的道教的建立,对中国人的精神生活产生了很大的影响,因此构成儒家与佛教、道教互相吸收、互相冲突的局面。与汉儒致力于构建社会秩序所不同的是,唐、宋儒家除了继续发挥其固有的制度构建的作用之外,亦需在天道性命层面恢复其与制度相吻合的价值引领。因此,如韩愈等,如要辟佛,就要重构儒家的意义系统,即"仁与义为定名,道与德为虚位"。即以儒家的核心观念来替代被杨墨道佛所淆乱了的"道"、"德"这类名词。在韩愈的叙述策略中,儒家的观念在孔孟之后,便得不到真正的传承,这实际上则是否定了汉代儒家的经学建构是儒家的延续性发展,"周道衰,孔子没,火于秦,黄老于汉,佛于晋、魏、梁、隋之间。其言道德仁义者,不入于杨,则归于墨;不入于老,则归于佛。入于彼,必出于此。"据此,他"入室操戈"地借助佛教禅宗教外别传,直指心性的理路①而建立起"道统"观念,从而成为宋明新儒学所广泛接受的新的儒家传承谱系。在韩愈的"道统"谱系中,他说:

道也,非向所谓老与佛之道也。尧以是传之舜,舜

---

① 陈寅恪说:"退之从其兄会谪居韶州,虽年颇幼小,又历时不甚久,然其所居之处为新禅宗之发祥地,复值此新学说宣传极盛之时,以退之之幼年颖悟,断不能于此新禅宗学说浓厚之环境气氛中无所接受感发,然则退之道统之说表面上虽由孟子卒章之言所启发,实际上乃因禅宗教外别传之说所造成,禅学于退之影响亦大矣哉!"见氏著《论韩愈》,载《历史研究》,1954年第2期。

> 以是传之禹,禹以是传之汤,汤以是传之文、武,周公,文、武、周公传之孔子,孔子传之孟轲,轲之死,不得其传焉。荀与扬也,择焉而不精,语焉而不详。

这段话与史马迁对于孟荀发扬光大孔子思想的叙述有很大的不同,即荀子和扬雄已经从儒学史的脉络中虚化了,甚至整个汉代经学的建立以及借助经学的力量而展开的社会秩序建构均已被忽视了,却突出了《大学》的正心诚意与治国平天下之间的关系,从而成为宋明时期道统观的前导。

韩愈的传道序列被宋以后所兴起的道学思潮所继承,二程兄弟和朱熹等试图要给儒家的伦理秩序奠定超越性的依据。在他们看来,汉唐经师对于形而上学和宇宙观念的忽视,是儒学的一个致命缺陷。因此,自家体贴出来"天理"是重新解释儒家经典系统的一个枢纽,以此可以回应佛教的现世虚无主义和道教的享乐主义。由此可以看出,他们也有一种强烈的重构儒学脉络的内在要求,并转化为一种"以身任道"的担当自觉。程颐在其兄程颢的墓石上刻下这样的文字:

> 周公没,圣人之道不行;孟轲死,圣人之学不传。道不行,百世无善治;学不传,千载无真儒。无善治,士犹得以明夫善治之道,以淑诸人,以传诸后;无真儒,天下贸贸焉莫知所之,人欲肆而天理灭矣。先生(程颢)生

千四百年之后,得不传之学于遗经,志将斯道觉斯民。①

这篇文字中强调圣人之道久不行于世,圣人之学亦久不传于世。这样的判断基于道学家传达孔孟"心法"的使命。朱熹认为"人心惟危,道心惟微,惟精惟一,允执厥中"这十六个字便是尧舜禹相传之"密旨",而汉唐经师因为不能察觉此心法,所以学无所宗,难称"真儒"。

朱熹在《中庸章句序》中开篇就说,子思作《中庸》便是出于对"道"之失传的忧虑。并说,天道性命之学,乃儒家继天立极之说,是历代圣贤"叮咛告诫"、代代相传之言。

> 自是以来,圣圣相承:若成汤、文、武之为君,皋陶、伊、傅、周、召之为臣,既皆以此而接夫道统之传。若吾夫子,则虽不得其位,而所以继往圣、开来学,其功反有贤于尧舜者。然当是时,见而知之者,惟颜氏、曾氏之传得其宗。及曾氏之再传,而复得夫子之孙子思,则去圣远而异端起矣。子思惧夫愈久而愈失其真也,于是推本尧舜以来相传之意,质以平日所闻父师之言,更互演绎,作为此书,以诏后之学者。盖其忧之也深,故其言之也切;其虑之也远,故其说之也详。其曰"天命率性",则道心之谓也;其曰"择善固执",则精一之谓也;其曰"君

---

① 《程氏文集》卷十一,《明道先生墓表》。

> 子时中",则执中之谓也。世之相后,千有余年,而其言之不异,如合符节。历选前圣之书,所以提挈纲维、开示蕴奥,未有若是之明且尽者也。自是而又再传以得孟氏,为能推明是书,以承先圣之统,及其没而遂失其传焉。

道学家以传承道统自任,所面临的问题当然是如何评价孟子之后的儒家传承体系的问题。尽管在宋初的石介、孙复那里,董仲舒、扬雄等人还被视为儒学的重要传承者,但在程朱这里,越来越强烈的对于判别天理人欲、王道霸道的"醇儒"倾向,使得孟子之后道统中断成为定论。因此,朱熹要重构儒家的经典系统,将《礼记》中的《大学》《中庸》与《论语》《孟子》构成四书,从而使儒家的经典系统发生了根本性的转变。

任何思想历史的演进,均发生于一定的时空框架之下。人们通过文本或观念的内在逻辑建立起事件和观念之间的连续性。问题是,在不同的人那里,这样的时空框架并非是固定的。由此,一个历史的撰述者,他不仅是历史的记述者,更是一名历史的建构者。尤其对于中国传统的历史撰述来说,其本身就具有褒贬的价值评判功能和鉴古知来的认识功能。这就意味着历史撰述要受到两个基本要素的影响,其一是叙述者的角色定位,其二是叙述目的。

首先,前述司马迁作为一个史家,程朱作为一个"道学家",他们作为撰述者的角色是有差异的。虽然身为董仲舒的学生,司马迁的历史叙述已经带有很强的对于儒家的偏向,但是鉴于史官的职业要求,则使其必须具备一种客观性的立场。而二程和朱子则身处宋代儒家面对来自佛教和道教的冲击之下的儒家危机的大背景中,其角色定位是对于道统的接续和捍卫。因此,"客观性"并非是其叙述的出发点,而是在其叙述中具有明显的价值优先的倾向。甚至,这个道学群体有一种自觉地将自己与其他儒家学者区分开来的自我隔离意识。

其次,撰述目的之差异也是产生不同的历史"文本"的原因。道学家要面对的是来自佛教和道教的挑战。这样,他们所坚持的道统说的目的是强调儒家的天道心性方面的内容。于是他们便会重视《周易》、《四书》等作品的重要性。而汉唐经师严守师法家法的经学形态便会被视为一种儒家内在精神的"失落",进而便会产生孟子之后,道统失坠的判断。这样的"历史"叙述显然是要凸显程朱理学的时代使命。

纵观儒学的发展历程,每一次对于自身精神特质的总结总是伴随着对于儒学历史的新叙述与新建构,这样的活动在儒学自身的发展中有其形象的概括即"返本开新"。通过对儒家经典系统的新解释和新的阐发,儒家的形态便具有了应对新的社会历史条件的可能。虽然不同的时期侧重点会有所不同,但这种可能并不会偏离儒学的核心——仁爱、正义,以及展开的方式——从身心、个人、家庭到天下国家。

秦汉之际,随着封建制的崩溃和郡县制的建立,儒家必须面对新的挑战,所以董仲舒、司马迁必须要对儒家的精神做出新的解读,目的是究天人之际、通古今之变。而在唐宋社会转型之际,佛教、道教挟处理心身危机之由和体制性的宗教组织的活动方式,对儒家构成了冲击,所以韩愈倡于前、宋明诸儒应于后,以道统为旗帜,阐发天道人心之幽,为制度化儒家提供新的价值依托。

如果说晚明的耶稣会士的传教活动,开始了中国文化与基督教文明之间对话的话,那么这样的中西接触只是一种"表面"的交融。西方文明自17世纪到19世纪亦是一个急剧变化的过程,英国革命、法国革命、美国的建立,都发生在这个阶段中,而这个新的文明样态,在经济上采用市场化的资源配置方式,在文化上则是通过启蒙而完成人的"立法者"的地位确定。在此基础上得以确立了天赋人权和私有财产等基本原则。在社会生活中主张区分公共领域和私人空间,对政治规则和伦理生活进行区隔。在国与国之间的关系层面,民族国家已经取代帝国而构成新的国际格局,这样的国际格局和市场化的生产组织方式之间的结合,必然会导致现代化和殖民运动之间的逻辑一致性,即资本的逻辑成为人类生活的真正主宰者。

1840年,以鸦片战争为前导,意味着中国被吸纳进这个韦伯所谓的现代化的"铁笼子"里,作为中国文明核心的儒家思想,面临着有史以来最为严峻的挑战。经济竞争和军事较量的失败,一度导致了对文明的自我否定。由此,儒家被迫走到了新的"返本开新"的关键时刻。

而作为应对如此危机的反应,对于儒家精神的重新定位与对于儒家的发展阶段的重新确立,成为自1840年之后,儒家群体自我反思、重获活力的一个必然趋势。问题在于,这样的过程已经经历了150年,却依然在过程中。所以,回视这个历程可以使我们了解儒家在当下中国所要面对的真正问题,而避免被一些权宜性的回应遮蔽了前进的方向。

第一章 "儒学第三期发展"与现代新儒家的儒学史叙述

思想的叙述很难与政治意识形态的建构脱离干系。儒家作为自汉代以后历代都处于独尊地位的价值观,确然与历代政治的得失具有莫大的关联。即便是在儒家的道统叙事中,孔子之前的传道谱系中的各环节也都是圣王之秘传。孔子所接受之道统,固然学达性天,然其落脚点依然是为万世开太平之"制法"者。在儒家"德位一致"的政治理想中,孔子便被塑造成有其德而无其位的素王。因此,如果我们接受道统说,那么孔子自创立学说之始,便必须面对道统与政统、治统之间的紧张。也就是说,儒家虽然并不一定是权力的拥有者,但他们掌握着制约权力的武器,即合法性。此合法性通过三代圣王的秘传而获得了超越现实权力的地位。

道统和政统之间紧张关系的成立必然会导致意识形态话语对于道统叙事的渗透。即使是在日渐理性化的现代政治体系中,这样的渗透也屡见不鲜。1920年代,在国民党和共产党进行意识形态论争之时,当共产党以超越民族国家的阶级压迫和平等自由的理想诉求吸引饱受欺凌的国人的时候,一部分国民党人则采取民族主义立场,其中最值得关注的是将孙中山的思想置身于道统话语体系中,以获得历史合法性的依据。

在国民党的道统话语体系中,最为典型的体现就是三民主义的儒家化,其最著名的论述由戴季陶所阐发。

戴季陶提出,三民主义是中国的正统思想在现代社会的一个延续。"中山先生的思想,完全是中国的正统思想,就是继承尧舜以至孔孟而中绝的仁义道德的思想。在这一点,我们可以承认中山先生是二千年来中绝的中国道德文化的复活。去年有一个俄国的革命家去广东问先生,'你的革命思想基础是什么?'先生答复他说:'中国有一个正统的道德思想,自尧、舜、禹、汤、文、武、周公至孔子而绝。我的思想,就是继承这一个正统思想来发扬光大的。'……我们就这段话,就看得出先生的抱负,同时也可以认得清楚先生的国民革命,是立脚在中国国民文化的复兴上面,是中国国民创造力的复活,是要把中国文化的世界价值,高调起来,为世界大同的基础。"①

---

① 戴季陶:《孙文主义之哲学的基础》(1925),载桑兵、朱凤林编《戴季陶卷》,425页。北京:中国人民大学出版社,2014年。

戴季陶进一步将三民主义与儒家传统的道德条目相结合,认为孙中山的社会理想是建立在儒家的道德理想之上的。他说,中山先生之三民主义,盖自孔子之思想基础,递嬗而出。这才是真正体现儒家仁爱思想的主义,他还将儒家的智、仁、勇三达德视为实现三民主义的手段。"故曰天下之达道三:民族也,民权也,民生也。所以行之者三:智也、仁也、勇也,智、仁、勇三者,天下之达德也,所以行之者一也。一者何?诚也。诚也者,择善而固执之也。"①

这样的叙述构成现代中国政治话语中一个特别奇特的现象,即不分党派的政治领导人,不仅掌握世俗的权力,同时也成为价值理念和意识形态的缔造者。因此,戴季陶的道统理论,从根本上看是与儒家道统说的基本精神相违背的,道统自孔子以来便必须由儒家群体所传授,而非政治权力的拥有者所私属。

在抗日战争的大环境下,民族主义唤起的是民众的凝聚力,而儒家适可以成为民族精神的最丰富的资源。这方面最为典范的表述则是贺麟。贺麟将五四的新文化运动看作是儒家获得新生的转机,并批评了文化和民族虚无主义,将民族复兴和文化复兴做了有机的结合。他说:

---

① 戴季陶:《孙文主义之哲学的基础(1925)》,载桑兵、朱凤林编《戴季陶卷》,414页。北京:中国人民大学出版社,2014年。

民族复兴本质上应该是民族文化的复兴。民族文化的复兴,其主要的潮流、根本的成份就是儒家思想的复兴,儒家文化的复兴。假如儒家思想没有新的前途、新的开展,则中华民族以及民族文化也就不会有新的前途、新的开展。换言之,儒家思想的命运,是与民族的前途命运、盛衰消长同一而不可分的。①

这个时期的儒家思想家有一种文化创造的自觉。一方面认识到中国文化的延续性,另一方面亦认识到由社会的巨大变革所要求的思想上的创造性。这方面以冯友兰先生对于"照着讲"和"接着讲"的方法自觉作为标志。

在《新理学》的绪言中,冯友兰说:

> 照我们的看法,宋明以后底道学,有理学心学二派。我们现在所讲之系统,大体上是承接宋明道学中之理学一派。我们说"大体上",因为在许多点,我们亦有与宋明以来底理学,大不相同之处。我们说"承接",因为我们是"接着"宋明以来底理学讲底,而不是"照着"宋明以来底理学讲底。因此我们自号我们的系统为新理学。②

---

① 贺麟:《儒家思想的新开展》,刊于《思想与时代》,第一期(1941年8月)。
② 冯友兰:《新理学》,7页。北京:北京大学出版社,2014年。

冯友兰对儒学的信仰始终是一个值得推敲的问题,但他已经有意识地借助一种西方哲学的"共相"和"殊相"的方式来讨论"理"和"万殊",已经不单纯是一种类似于经学诠释的"照着讲",而是一种新的哲学解释的方式。同样,他所提出的新理学亦不再是如程朱以道统继承者自任那样,要为这个磨难的民族提供整全性的价值支撑,而是一种足以唤起民族凝聚的力量而已。但是,他对"接着讲"的强调依然能透露出儒家所可能发展出的新的发展可能。

然而,明确以分期的方式来谈论儒家发展脉络的则是沈有鼎先生,他在一篇名为《中国哲学今后的开展》的文章中,以"哲学的非历史性与历史性"作为讨论连续性和阶段性的方法论基础,他认为思想的发展存在着一种"节律",并认为中国古代的思想可以分为两个阶段,即从起源到秦汉时期作为第一期,而魏晋到明清是为第二期。第一期的文化,"以儒家的穷理尽性的文化为主脉的。他是充满着慎思明辨的逻辑精神的。这一期的思想是刚动的、创造的、健康的,理想的、积极的、政治的、道德的、入世的。"这一时期思想的代表人物是孔子。沈有鼎先生认为,第二期的文化在政治道德礼俗上虽然挂着儒家的牌子,但是在实际的精神层面已经不再具有第一期儒家的那种刚健的创造精神,实际上是一种道家的玄思的精神。

沈有鼎先生认为,虽然中国经历了挫折,但是从文化的第三期发展中已经可以看见端倪,这个复兴是一种对于第一期儒家的回归,同时又必然是结合了道家的艺术趣味和新的社会组织方式,甚至融汇了民主和自由的精神的。①

从学思的整体倾向看,很难说沈有鼎先生是具有儒家信念的,但是他却最先以一种类似黑格尔式的三段论来叙述中国文化的过往,进而呼唤文化第三期发展过程中儒学的复兴,从而成为1949年之后,港台新儒家以儒学第三期发展的叙事作为其未来期许的先声。

一、牟宗三的"儒学第三期发展"

如果从理论的创造性而言,牟宗三先生无疑为港台新儒家中最为突出的代表。他富有历史哲学的视野,又深受康德道德形上学之影响,由此来反思儒学之特色与命运,常有超拔同侪之论。他对于儒学史的撰述有其方法论的思考。在《心体与性体》的开篇,他对"新儒学"一名做了反思:

> 宋明心性之学,西方学者一般亦称之为"新儒学"(Neo-Con-fucianism)。中国以前并无此名。儒学即儒学耳,何"新"之有?宋明儒者亦不以为其所讲者是"新儒学",彼等以为其所讲者皆是圣人原有之义(彼等以圣人

---

① 沈有鼎:《中国哲学今后的开展》,载郭齐勇主编《中国哲学史经典精读》,246、249—250页。北京:高等教育出版社,2014年。

代表其所讲习之儒家经典之全部),皆是圣教本有之旧。民国以来,中国人之习惯亦不用此名,惟最近顺西人之习惯亦常沿用之。此名亦有其新鲜恰当处,且可避免就内容起名之麻烦,只是一儒家之思想加一"新"字而已;且可表示思想之发展,免得像以前之浑沦而为一。①

在牟宗三看来,儒家固有一以贯之核心精神,所以并不存在新旧之分,各代所阐发的皆是儒家经典所本有的含义,并非无中生有。然而不同时期的儒家因为所因应的问题不同,所以各有发明,这便显示出其新义。

在这各种不同的阐发中,谁人能真正代表儒家之本质,这是不同的儒学历史叙述所着重的。他借用韩非子所言"儒分为八"的例子,认为韩非子只是进行事实的罗列,无非是要说明这八家谁都可以自称传承了孔子之思想,而如果能从中找到一个前后呼应的精神,则可以代表儒家的精神方向。牟氏之所以要以陆王作为宋明思想之主潮,将胡宏和刘宗周独立为一系,并将程伊川和朱熹一系视为"旁出",就是要强调心性之学乃儒学之真正的精神方向。

《韩非子·显学篇》云:"自孔子之死也,有子张之

---

① 牟宗三:《心体与性体》,10 页。上海:上海古籍出版社,2009年。

儒,有子思之儒,有颜氏之儒,有孟氏之儒,有漆雕氏之儒,有仲良氏之儒,有孙氏之儒,有乐正氏之儒。"是则自孔子没,"儒分为八",见仁见智,各有所得。此一庞大集团究谁能代表儒家之真?韩非所举,在今日有许多已无文献可征,如颜氏、漆雕氏、仲良氏(仲梁子)、乐正氏便是。自今日观之,孔子后有二百年之发展,有孟子,有荀子,亦有不能确知作者之名之作品,如《中庸》,如《易传》,如《大学》,时时在新中,究谁能代表正宗之儒家?究谁是儒家之本质?孟子固赫然之大家,然荀子又非之。在先秦,大家齐头并列,吾人只知其皆宗孔氏,并无一确定传法之统系。吾人如不能单以孔子个人为儒家,亦不能孤悬孔子于隔绝之境,复亦不便如西方哲学史然只以分别地论各个人之思想为已足,则孔子之生命与智慧必有其前后相呼应,足以决定一基本之方向,以代表儒家之本质。此点可得而确定否?如能确定,则于了解儒家之本质,孔子生命智慧之基本方向,必大有助益。如不能确定,则必只是一团混杂,难有清晰之眉目。①

因此说,牟宗三对儒学历史的认识是以他所了解的儒家

---

① 牟宗三:《心体与性体》,10页。上海:上海古籍出版社,2009年。

之本质和精神方向为衡准的,而非泛泛之论。而他对儒学的认识,亦是建立在他对儒学在1950年代之后与中国社会和中国文化发展的忧虑有关。

这种对一个时代的整体忧虑充分体现于1958年由唐君毅、牟宗三、徐复观和张君劢所发表的《为中国文化敬告世界人士宣言》。这个宣言批评了人们将儒家视为僵死的、属于过去的思想体系等偏见,指出儒家思想依然是一个具有生命力的思想体系。儒家的道德理想和宗教精神对于当代世界具有普遍的意义。儒家思想与现代科学和民主并不矛盾,而且民主和科学正是中国文化的道德精神自身发展的内在要求,即内圣开出新外王。所以现代新儒家的工作可视为"返本开新"的事业。

该宣言突出了"同情"和"敬意"在确立中华文化主体性过程中的意义,显然是对于儒家"花果飘零"、"孤悬海外"的现实困境的有感而发。这个宣言充满着对五四反传统思想的妥协,将儒家与民主、科学的兼容性作为儒家现代意义的证据,可以看出是儒家与西方思想的一种不得已的"曲通",但在这个防御性的立场背后,则是他们对儒家前景的自觉和自信。所以牟宗三等人坚信必然会有一个儒学的第三期发展。

早在1948年,牟宗三在《重振鹅湖书院缘起》一文中就提出,孔子、孟子、荀子、董仲舒为儒学第一期,二程、朱熹、陆九渊和王阳明为儒学第二期,现在已经进入第三期,即是"经过第二期之反显,将有类于第一期之形态"①这时候的牟宗三对于儒学三期的发展的构思还有类于沈有鼎的思路,即向第一期的回望。但是到了1950年代,牟宗三对于儒学三期发展的思路就逐渐明晰化了。

在《政道与治道》一书中,牟宗三给出了他对于儒学三期的划分。

> 儒家学术的第一阶段,是由先秦儒家开始,发展到东汉末年。两汉的经学是继承先秦儒家的学术而往前进的表现,而且在两汉四百年中,经学尽了它的责任,尽了它那个时代的使命。从汉武帝复古更化说起,建造汉代大帝国的一般趋势,大体是"以学术指导政治,以政治指导经济",经学处于其中,发挥了它的作用。②

儒家的第二阶段发展主要是宋明理学的形成和发展。在牟宗三看来,魏晋南北朝隋唐是一个儒学长期"歧出"的阶段,而理学使儒学回归到道德意识这样一个儒家的主流上来。针对人们对宋明理学家过于注重内圣而忽视外王的批评,牟宗三认为在如此专制的统治下,儒家只能向内用功夫。

---

① 方克立主编:《现代新儒家学案》(下),423页。北京:中国社会科学出版社,1995年。
② 牟宗三:《政道与治道》,4页。桂林:广西师范大学出版社,2006年。

与沈有鼎等人的看法接近,牟宗三亦认为第一期儒学是刚健活泼的,而第二期则显得消极。他说:"第一期之心态,孔孟荀为典型之铸造时期,孔子以人格之实践与天合一而为大圣,其功效则为汉帝国之建构。此则为积极的,丰富的,建设的,综合的。第二期形态则为宋明儒之彰显绝对主体性时期。此则较为消极的,分解的,空灵的,其功效显于移风易俗。"但在清朝之后,儒家的精神丧失,所以要期待第三期的儒学,其内容"一,自纯学术言,名数之学之吸取以充实最高之原理;二,自历史文化言,民族国家之自觉的建立以丰富普遍之理性。由道德形式转进至国家形式,由普遍理性之纯主题性发展出客观精神。"①他也将第三期的任务描述为"内圣开出新外王"。

这样一个开出的过程,对于儒家而言是一种新的创造,在建国的层面来说尤其如此。世界格局已经步入民族国家阶段,儒家的天下观念就必须有一种新的形式来应和这样的新格局。

"而第三期之发扬,必须再予以特殊之决定。此特殊之决定,大端可指目者,有二义。一,以往之儒学,乃纯以道德形式而表现,今则复需其转进至以国家形式而表现。二,以往之道德形式与天下观念相应和,今则复需一形式以与国家

---

① 牟宗三:《道德的理想主义》,12—13页。长春:吉林出版集团有限责任公司,2010年。

观念相应和。唯有此特殊之认识与决定,乃能尽创制建国之责任。"①

其次,虽然肯定民主和科学,但对于极端自由主义和唯科学主义却要保持足够的警惕,并相信儒家的道德理想主义能够对治这样的现代性流弊。"第三期发展的精神具有普遍性,这种普遍性来自于对于科学主义和对于极端自由主义的矫治。如果没有对人之为人之大本的认识,那么科学的发展便失去方向。而如果个人主义和自由主义没有超越理性的根据来制约,则会沦为自私和贪欲。所以第三期发展中的儒家道德理想主义与民主科学的融合,"其作用与价值,必将为世界性,而为人类提示一新方向。"②

这些现象是古圣前贤所未曾遇到的,故而儒学的第三期发展是一个需要创造的阶段。这是时代的压力所加之于现代儒生身上的。"吾人必须知眼前所需要之创造,乃以往两千年历史所未出现者。以其未出现,故必为创造。然而所谓创造,亦必为历史自身发展所必然逼迫其出现之创造。"③

唐君毅、牟宗三和徐复观等港台新儒家始终在坚持中国文化的主位性和融汇西方的民主科学方面着力,同时也试图将这样的融汇在民主建国等方面得到落实。牟宗三在为《政

---

① 牟宗三:《道德的理想主义》,4 页。长春:吉林出版集团有限公司,2010 年。
② 同上,5 页。
③ 同上,4 页。

道与治道》一书所撰写的序言中,面对着他认为的毁弃文化传统的专制性的政权的现实,牟宗三认为儒学第三期的使命是"民主建国"和"政治的现代化",即将儒家未曾落实的"藏天下于天下"的理想通过民主和科学的方式加以落实。然而,这并不是第三期发展的终极性的目标。在牟宗三看来,还有更高一层的使命,即维持中国文化的主位性。实际上是要处理文化的内在的动力的问题,这里牟宗三其实有着更为深刻的思考,即民主政治与文化传统的关系问题。他甚至认为如果失去了儒家文化的主体地位,那么民主和科学在中国并不能得到真正的落实。"此则不只是一个应付一时需要的问题,此乃永恒性的,高一层次的问题。……加入中国文化还有发展,还有它发展的动源,还有它的文化生命,那么,我们不能单由民主政治、科学、事功这些地方来看中国文化的问题,而必得往后、往深处看这个文化的动源,文化生命的方向。这是从高一层次来看中国文化如何维持其本身之永恒性问题,且是个如何维持其本身之主位性的问题。"①

这样的使命有一个更为简略的概括就是"三统"并建。

一、道统之肯定,此即肯定道德宗教之价值,护住孔孟所开辟之人生宇宙之本源。

二、学统之开出,此即转出'知性主体'以容纳希腊传

---

① 牟宗三:《政道与治道》,22 页。桂林:广西师范大学出版社,2006 年。

统,开出学术之独立性。

三、政统之继续,此即由认识政体之发展而肯定民主政治为必然。①

这三条既然被称之为纲,即是意味着此为儒学第三期发展之总纲领,其他的事务要围绕着此一中心议题而展开。

将儒家的未来使命概括为道统、学统和政统这三统并建的过程,很大程度上呼应了牟宗三等坚持的"内圣开出新外王"的理想,这个理想可以看作是自张之洞以来"中体西用"文化策略的延续,即以儒家的价值为基础,而吸收西政、西艺。所不同的是,张之洞的儒家价值直接表述为纲常伦理,而在牟宗三这里,儒家的价值变成相对抽象的道德宗教的理论。

这样的变动很大程度上意味着在制度建构层面,儒家的制度设想已经很难在现代的社会结构中获得空间。因此,在牟宗三的儒学史叙述中,哲学和宗教便成为其核心的内容,而以经学为基础的制度构想便付之阙如。与朱熹、陈亮在王霸义利争辩中,突出道德评判的主导性地位不同,牟宗三的良知却必须"坎陷"而落实于民主政治的实践之上。这样,虽然他力图建立起道德和制度之间的内在关系,但也不可避免地落入"义利双行"的悖论之中。或许可以推展地认为,民主政治必然是儒家政治的现代选择,而不是以儒家的道德

---

① 牟宗三:《道德的理想主义》,3 页。长春:吉林出版集团有限责任公司,2010 年。

去导引民主政治。

在此基础上,他们对于儒学发展的阶段的叙述便是围绕着将从孟子到理学的道德理想主义作为一切事业的总根源,并以此来建立对儒学发展历史脉络的认识。于是,在这样的儒学史脉络中,经学的发展以及偏重事功的儒家人士便难觅踪影了。

二、杜维明:空间拓展的三期说

牟宗三之后,对儒学三期说的理论做出巨大推进的学者是杜维明。

杜维明在1950年代末考入台湾东海大学外语系之后,被徐复观先生的学识和精神所感召而转投中文系,后在哈佛大学获得硕士和博士学位。随后他与牟宗三、徐复观和唐君毅先生多有过从。据其自述,他自步入学术领域即将对儒家精神做新的诠释作为其使命。而自1980年代之后,他的关注点逐渐集中于阐发儒家传统的内在体验和显扬儒学的现代生命力。在中国大陆的进修和讲学,以及在新加坡的儒家伦理课程实践,使杜维明提出了许多新的论题,包括儒学三期、多元现代性等等,并对儒学与马克思主义之间的关系深表兴趣。

20世纪90年代以后,沿着他的儒学三期的思路,他进一步考虑儒家在"文明对话"和"文化中国"等论题中的意义。通过对启蒙思潮的反思,进一步认定儒家对于世界文明发展的意义。在多元文化的背景中以及全球化与本土化交互影响的氛围里,如何为儒学第三期的展开拓展理论和实践的空间,是杜维明为儒学不懈奔走的精神动力。

与牟宗三的"三期"说所不同的是,杜维明的儒学第三期发展带有很强的空间指向。在一次与笔者的私下交谈中,他曾经说到,港台新儒家因为活动空间的限制,比如牟宗三最远只到过夏威夷,所以他们缺乏对于西方文明的真正的了解与反思。虽然杜维明最初的研究重心依然集中于港台新儒家的核心领域:阳明心学和四书的诠释,但是,他所看到的则是儒家在东亚国家的现代化过程中的独特作用。这当然也得益于1960年代之后工业东亚的兴起,对于这些国家发展的独特文化背景的兴趣成为国际学术界研究的焦点,这也必然会影响到杜维明思考儒家命运的角度。

由此可见,杜维明为儒学所提出的根本任务并非如他的前辈牟宗三等人一样,将视野集中于中国本土的文化主体性和民主建国的问题,而是如何在一个全球的视野内应对西方文化特别是现代西方文化挑战的问题。而近代以来,中国人所念兹在兹的由天下体系向民族国家的转变的过程中,儒家所应担负的责任,则被轻轻地放下了。

杜维明指出,儒家文化要应对的西方文明的挑战,主要是科学精神、民主体制、宗教情怀和心理学上对人性的理解。不过在做出回应之前首先必须确定儒家与当下的东亚和中国发展之间的关联性。这个关联性包括:

(1) 儒家继续发展的社会基础在哪里？民间社会的儒学运动和地域化的儒学是否可以成为儒学的新的生长点。

(2) 能否出现一个儒学知识分子群体。"这种知识分子不一定要属于中国。任何一个知识分子，不管是东方的还是西方的，只要是知识分子，就会碰到儒家的问题。这种知识分子的终极关怀，可以来自基督教，可以来自佛教，可以来自伊斯兰教，可以来自各种其他的精神文明，但它的问题是儒家的。"①

杜维明认为儒家不可能成为与世界主要宗教相提并论的一种宗教，但其精神资源可以成为进行理解和反思的一个基础，因此可以有儒家式的佛教、基督教、犹太教等等。

(3) 当然以儒家为基础的沟通和反思，所要形成的是一种新的东亚人文主义精神，即对于现代性的弊端有反思和矫治意义的新的思想形态。

有鉴于此，杜维明对于儒家发展的历史认识，并不聚焦于牟宗三他们的心性之学的发展，而是着重于中国文化如何世界化的思想脉络，也即儒学第三期发展的核心问题已经不是中国本土文化中儒家传统自身如何进行现代化转化与更新的问题了，而是如何使儒学进入汉文化圈以外的全球世界，如何与以西方文明为代表的各种文明进行对话与沟通的

---

① 杜维明：《现代精神与儒家传统》，495 页。北京：三联书店，2013 年。

问题了。

在这样的问题意识下,杜维明的三期说的核心具有很强的空间指向。也即儒家文化如何从鲁扩散到中国,再向东亚、世界的继续发展。"所谓三期儒学,一般的理解是,从大的趋势来讲,从先秦源流到儒学发展成为中国思想的主流之一,这是第一期;儒学在宋代复兴以后逐渐成为东亚文明的体现,这是第二期(这一期一直延续到19世纪末叶);所谓第三期,就是从甲午战争、五四运动以后。"[1]

针对李泽厚等人对三期说的批评,杜维明认为,如果单纯从学术史的角度,甚至可以把儒学分为八期、十期,甚至更多。比如先秦、西汉、东汉、魏晋、隋唐、宋代、元代至清代、近代等等,但是,强调三期说的原因则是主要受到路德的宗教改革的启发,在他看来,儒学发展到宋代出现了一个质的变化,这个变化不仅是理论形态上的转变,更关键地是它使儒学由中国文化的主流思想转变成东亚文明的体现。

沿着这个空间发展的思路,我们可以了解杜维明的三期说指向是使儒学指向了更为广阔的空间。尽管杜维明一直强调第三期是否会出现只是一种"可能性",但在杜维明眼里,发生儒学第三期发展的可能性并不在中国大陆甚或台湾。或许可以这样说,在杜维明先生的眼里,儒家发展的可

---

[1] 杜维明:《现代精神与儒家传统》,473页。北京:三联书店,2013年。

能性并不依赖于他对中国受现代性挑战而产生的一些特殊问题上,而是在于儒家能否回应由现代性而带来的一些普遍性的问题。"儒学有没有进一步发展的可能性这个问题,是建构在一个基本的设准上的。这个基本设准是,儒学能否对西方文化的重大课题做出创建性的回应。因为儒学不能只是停留在中国文化的范畴里,也不能只是停留在东亚文化这个范畴里。儒家文化一定要面对西方文化的挑战,而西方文化是指现代的西方文化。"①

杜维明继续概括到,西方文化的挑战所带来的问题主要有:(1)儒家的道德理性、人文思想与西方的科学精神的关系;(2)民主运动的问题;(3)宗教情操的问题;(4)心理学上对人性的理解问题。

我个人并不否认在全球化时代儒家必须回应西方文化,甚至伊斯兰、印度等多元文化之间的关系问题。不过,我却坚信儒家所要回应的这些问题在中国的文化和社会环境中,会产生出带有中国自身特色的问题。海外的新儒家因为其生活和工作的区域甚至主要集中在美国,那么,在美国即使有所谓的儒家的生命力问题,也必然会集中到信仰冲突抑或海外华人是认同中国文化还是所在国的文化的问题。而这些问题对于儒家本身而言,均是一些衍生性的问题。如果儒

---

① 杜维明:《现代精神与儒家传统》,486 页。北京:三联书店,2013 年。

学本身并不能代表当下中国人的精神生活的基准,那么拿儒家作为中国文化的标签本身是值得怀疑的,而进一步引申的儒家与伊斯兰、基督教文化之间的共存和对话问题就具有很大的欺骗性。

对此,另一个海外新儒家的代表人物刘述先有着清醒的认识。他虽然肯定海外新儒家开启了国际面向,但这群习惯于从多元视角看待儒家命运的学者,身上不再有文化的负担,甚至放弃了儒家价值的"正当性"与"终极性"。他说:"港、台新儒家在借来的空间和时间做出了凌越先贤的学术成绩,发抒了文化抱负,堪称异数。在他们不断的努力之下,还教育了下一代,一部分流寓海外,在美国受高等教育,获得博士学位,谋求一枝之栖,而开启了海外新儒家的国际面向。……正因为所谓第三代的新儒家所面对的脉络不同,其思想的走向也就有了很大的差别。他们习惯于西方开放多元的方式,担负远没有上一代那么沉重,以其只需说明,在世界诸多精神传统之中,儒家能够站一席地,便已经足够了。他们不再像第二代新儒家,由于面对存亡继倾的危机,不免护教心切,要突出儒家价值之正当性与终极性,以致引起一些不必要的争议。……由现代走向后现代,下一代的新儒家似乎有必要对于新的脉络、新的问题做出适当的回应与调整。"①于是刘述

---

① 刘述先:《港、台新儒家与经典诠释》,载刘述先著、东方朔编《儒家哲学研究:问题、方法与未来开展》,277页。上海:上海古籍出版社,2010年。

先的问题变成"理一分殊"的"两行",即人类有一种普遍的正当性的价值,这就是所谓的"理一",而儒家或其他的文明形态则可能从不同的侧面来呈现这种正当性价值,这即是所谓"分殊"。这样的多元主义会导向一种相对主义化的虚无主义。因为多元主义之所以存在是因为每一元都具有独立的终极的意义,否则文明之间的对话既无可能也没有必要①。真正的儒家知识分子,与基督教和伊斯兰教的信徒一样,坚信儒家文明所包含的价值体系具有终极的意义,因而亦认定其对于人类的未来有很大的价值。文明之间的对话基础是各美其美和美美与共,而不是互相融合和消弭自身。因此,杜维明先生所提出的"儒家基督徒"、"儒家伊斯兰教徒"的概念,虽然有其合理性,但一旦当儒家价值与基督教、伊斯兰教价值产生冲突的时候,依然无法解决这些儒家基督徒到底是选择成为儒家还是选择成为基督徒,抑或放弃两者的问题。

---

① 针对刘述先的理一分殊的说法,陈来做出了一个比较完备性的补充,即他从三个层面来解释儒家价值与全球价值之间的关系。"第一是'气一则理一,气万则理万',气在这里可解释为文明实体(及地方、地区),理即价值体系。每一特殊的文明实体都有自己的价值体系,诸文明实体的价值都是理,都有其独特性,也都有其普遍性。第二是'和而不同',全球不同文明、宗教的关系应当是'和',和不是单一性,和是多样性、多元性、差别性的共存,而同是单一性、同质性、一元性,这是目前最理想的全球文化体系。第三是'理一分殊',在差异中寻求一致,为了地球人类的共同理想而努力。"陈来:《走向真正的世界文化——全球化时代的多元普遍性》,载氏著《孔夫子与现代世界》,291页。北京:北京大学出版社,2011年。

所以,如果说在牟宗三的儒学第三期发展的历史叙述中,有对于西方现代政治模式和科学精神过多的迁就的话,那么,杜维明所提出儒学三期发展的方向,则更为模糊,杜维明的问题在于其"世界眼光"遮蔽了"中国问题",从而使儒家成为多元性维度中的一元,其价值的独立性和终极性被虚无化。最终,儒家在由东亚走向世界的过程中不得不消失在"世界"中。

三、李泽厚:"儒学四期",对儒学三期说的修正

牟宗三和杜维明等对于儒家的历史叙事虽然在对儒家价值的终极性的认知上存在着巨大的差异,不过我们知晓叙述者的学识背景和生活经历在"体知"精神性的因素时有不可忽视的影响。牟宗三等人经历过抗日战争和解放战争等民族生死存亡的关键时刻,这必然会导致他们对于民族文化的深层次的忧患意识。而杜维明、刘述先等人,均深受唐君毅、牟宗三和徐复观等人的影响,甚至是在他们的影响下对儒家持有信念。因此,他们亦可以在 1990 年代盛行的文明对话活动中,成为儒家文化的代言者。也就是说,他们对于儒家历史的叙述都属于"内在性"的视角。而对儒学第三期发展的最有影响的批评者李泽厚,则很难说他亦是一种"内在性"的自我省思。

关于李泽厚的思想定位,或许用"改革的马克思主义"比

较合适。他坚信经济发展是社会进步的基础,并不惜以"吃饭哲学"来宣示他的立场。当然他自己也刻意区分他所提出的马克思主义与"军事马克思主义"等各种教条主义的马克思主义的差别。他在一次谈话中抱怨说:"我多年来被批评,一谈经济前提或经济决定,学者们便大摇其头,有的甚至认为不值一提,认为只有谈论心性伦理才有价值,才是根本。其实这才真是本末倒置。"① 虽然这不一定是反驳新儒家人士对他的批评,况且批评他的经济决定论的主要是自由主义立场的人士。但谈论心性伦理却确然是港台新儒家的偏好。

而他对于牟宗三等人的儒学三期说的批评主要也是针对他们将儒学史"窄化"为"心性伦理史"。李泽厚自述他对三期说的批评有"直接源起"和"间接源起"。"直接源起"就是要反对新儒家以心性论为道统而进行的儒学发展历史的概括。他说心性论的儒学史有两大偏误、两大理论困境。两大偏误是:"一、孔子本人罕言性与天道,二、抹杀了荀子和董仲舒。"② 而两大理论困境则是:一,内圣开出新外王。二,内

---

① 李泽厚、刘再复:《告别革命》(第七版)增订本,335 页。香港:天地图书有限公司,2011 年。

② 对于汉代儒学发展的重要性,蒙文通先生的说法值得注意。在蒙文通看来,秦汉之际的儒生,综合诸子的思想,切于实用,因此,取得独尊地位:"宗儒者综诸子而备其制,益切于用,……于是孔氏独尊于百世。"这个目标的达成,在于对于经典的解释比之前代有了新的发展。"故经与传记,辅车相依,是入汉而儒者于百家之学,六艺之文,弃驳而集其纯,益推致其说于精渺。持义已超绝于诸子,独为汉之新儒学,论且有优于孟荀,讵先秦百氏所能抗行者哉。"蒙文通:《题辞》,载氏著《儒学五论》,13 页。桂林:广西师范大学出版社,2007 年。

在超越。在李泽厚看来,良知何以要坎陷而对接民主科学,这在理论上并不自洽。而内在超越则因为深受主客对置的理论影响,难以找到道德与本体之间的真正联系。因此,在李泽厚看来,牟宗三等的儒学三期说意味着他们的理论思考并没有"超出宋明理学多少",他说:

> 在现代条件下,现代新儒学搞出一套道德形而上学,去继承宋明理学,但根本理论并没超出宋明理学多少,并没有脱出宋明理学的基本框架,仍然是内圣开外王,心性第一,只是略微吸收了一些外国哲学,但也不多,词语、观念、说法新颖和细致了一些而已,它远不足开出一个真正的新时期。所以我认为,它只是第三期儒学(宋明理学)在当代的隔世回响,它对广大的中国人和中国社会没起也不会起什么作用或影响,与第一、二、三期儒学无法相比。它并不能算什么大发展,也很难开出自己的'时代'"。①

而"间接源起"的问题要更复杂一些。如果说"直接源起"只是因为他不满足于牟宗三和杜维明等对儒家历史的描述的话,那么"间接源起"则是对以心性为道统的儒学特性

---

① 李泽厚:《为儒学的未来把脉——在马来西亚的演讲》,载氏著《杂著集》,292 页。北京:三联书店,2008 年。

难以回答现代化所带来的"新"的社会问题的回应。例如,个人的权力、利益、独立、自主与传统儒学对于人的社会性的本质的认定有根本的差异,以及后现代所带来的去中心化倾向等等,而这些问题却是儒学未来发展所必须应对的。

站在由现代性所带来的巨大挑战面前,李泽厚便认为儒学要发挥作用,不能仅仅依靠少数书斋中知识分子的呼吁,而是要从社会生活中去寻找儒学的活动空间。

基于"积淀"说而强调的稳定的社会文化心理,李泽厚并不认可那种认为儒家价值已经死去的观点。他说,因为中国社会并没有真正进入现代化阶段,所以儒家的思想得以依赖这个还未彻底现代化的社会基础而留存,这也是儒学重获生命的基础。

> "外王"(政治哲学)上自由、民主的美雨欧风,"内圣"(宗教学、美学)上的"后现代"同样的美雨欧风,既都随着现代化如此汹涌而来,传统儒学究竟能有何凭藉或依据,来加以会通融合?"三期说"以为儒学传统已经丧亡,只有凭藉和张扬孔孟、程朱、陆王、胡(五峰)刘(宗周)的圣贤"道统"才能救活,从而以"道统"的当代真传自命。在"四期说"看来,如果传统真的死光了,今日靠几位知识分子在书斋里高抬圣贤学说,恐怕是无济于事,救不活的。"四期说"以为,正因为传统还活着,还活在尚未完全进入现代化的中国亿万老百姓的心里,

发掘、认识这种经千年积淀的深层文化心理,将其明确化、意识化,并提升到理论高度以重释资源,弥补欠缺,也许,这才是吸取、同化上述欧风美雨进行"转化性的创造"的基础。也许,只有这样才能从内外两方面开出中国自己的现代化?①

由此我们可以了解,因为哲学基础的不同,所以对于思想的本质和活力的认识也就不同。具体而言,李泽厚从马克思主义的社会存在决定作用出发,一定会强调制度、风俗和经济活动对于儒家思想的影响。李泽厚对儒学历史的描述,充分关照了制度和礼俗的作用。李泽厚对于他的历史描述有充分的理论和方法的自觉,他并不是将儒学分期视为简单的历史编纂的过程,而是要通过叙事来重新理解儒家传统,为儒学的发展提供方向。他说:儒学分期的问题,并不是一个简单的学术分期,"而是一个如何理解中国文化特别是儒家传统,从而涉及下一步如何发展这个传统的根本问题。"②

与牟宗三等人的三期说相比,李泽厚的四期说看上去仅仅是突出了汉代儒学的独特作用,但实质是要解构心性道统的儒家观,突出儒家思想的丰富性和复杂性,以便为儒家的

---

① 李泽厚:《论儒学四期》,载氏著《历史本体论·己卯五说》,145页。北京:三联书店,2003年。
② 同上,131页。

未来发展提供更为丰富的可能性,同时也是要把儒家的发展与社会现实相结合。在李泽厚的儒学四期中,第一期是先秦时期的原典儒学,代表人物是孔子、孟子和荀子,这似乎又回到了司马迁的叙述形态中。这个时期儒家的主题是"礼乐论"。不仅提供了儒家文明的基本范畴,如礼、仁、忠、恕、敬、义、诚等等;而且也奠定了以仁政为核心的制度精神。第二期儒学,主要是汉代,其主题是"天人论",基本范畴是阴阳、五行、感应、相类等等,但在这个封闭的天人体系中,"个人"则被屈从、困促在外在的力量中。第三期儒学(宋明理学)主题是"心性论",基本范畴是理、气、心、性、天理人欲、道心人心等等。这个时期"人"的道德意识得到了激发,但是外在制约和内在情感之间的矛盾依然使人的自然属性并不能得到完全的彰显。而在李泽厚的设想中,第四期的儒学主题是"人类学历史本体论",其基本范畴将是自然人化、将人自然化、积淀、情感、文化心理结构、两种道德、历史与伦理的二律背反等等。在这个阶段个"人"将第一次成为多元发展、充分实现自己的自由人。

在李泽厚的儒学四期说中,我们可以看到"个人"的屈从还是被解释为"充分实现自己"这样一个马克思式的主题,并成为划分儒学的不同阶段的决定性的因素。而个人是否能够得到多元的发展,关键并不取决于内在精神的发展,而是需要和经济社会的发展相关联的。其次,鉴于李泽厚将第四期发展的主题定义为其哲学的核心概念"人类学历史本体论",那么就表明李泽厚"下意识"地将自己设定于儒学发展的一个阶段中。这就意味着,虽然李泽厚多次拒绝"新儒家"的名号,然而却将自己的哲学创造中的核心观念置于儒学发展的阶段之中,这无疑也就将自己定位为第四期儒学的标识性人物。

鉴于李泽厚对于马克思主义①、存在主义和心理分析的重视,同样也鉴于李泽厚对于社会经济形态的决定作用的重视,所以,他一反自张之洞以来儒家试图步入的中体西用的路径,提出了"西体中用"。在李泽厚看来,随着社会生产方式的普遍西方化,儒家的核心价值在文化心理结构中的支柱性地位将逐渐被替代,而儒家所关注的社会性层面的思考则必将受到理性自由主义的"范导"。如此框架下的第四期儒学则完全步入一个失去了儒家主导地位的阶段。因此,尽管这个阶段依然被称为儒学第四期,但李泽厚作为儒学第四期的哲学的奠基者,却始终不肯接受"新儒家"的头衔,这也是很可理解的。

且看李泽厚自己的描述,在他的第四期的"思想世界"里,我们必须从字里行间才能发现"儒家"。

---

① 李泽厚认为,中国人接受马克思主义有其内在的原因,"一是承认世界(包括自然与社会)有某种客观规律,二是从而对未来世界怀抱某种乌托邦大同理想,愿为之奋斗。"李泽厚:《论儒学四期》,载氏著《历史本体论·己卯五说》,149 页。北京:三联书店,2003 年。

"儒学四期说"将以工具本体(科技——社会发展的"外王")和心理本体(文化心理结构的"内圣")为根本基础,重视个体生存的独特性,阐释自由直观("以美启真")、自由意志("以美储善"),和自由享受(实现个体自然潜能),来重新建构"内圣外王之道",以充满情感的"天地国亲师"的宗教性道德,范导(而不规定)以理性自由主义为原则的社会性道德,以承续中国"实用理性"、"乐感文化"、"一个世界"、"度的艺术"的悠长传统。①

---

① 李泽厚:《论儒学四期》,载氏著《历史本体论·己卯五说》,155页。北京:三联书店,2003年。

第二章 儒法斗争和儒教：意识形态化历史叙事中的儒家

讨论意识形态化的历史叙事很大程度上受到海登·怀特在《元史学》一书中的概括的启发。但我并不同意他借助曼海姆分类将意识形态的类型区分为"无政府主义者"、"保守主义者"、"激进主义者"和"自由主义者"。就中国近百年的意识形态的历史而言，"三民主义"、"社会主义"都是比"无政府主义"更为典型的意识形态类型。至于"保守主义"、"激进主义"和"自由主义"也很难简单地并列。按照余英时先生的看法，1840年之后，中国并不存在真正的"保守"，而是一个不断激进的过程。① 而且，激进

---

① 余英时先生说：世界上几个主要的文化的发展一般都呈现出激进和保守一张一弛的状况。而"在近代的中国，我们则看到一种截然不同的景象，大多数的知识分子在价值上选择了往而不返的'激进'趋向"。见《中国近代思想史上的激进与保守》，载氏著《现代儒学的回顾与展望》，36页。北京：三联书店，2004年。

主义和保守主义都可能接受自由主义的理念,因为社会发展过于急剧,所以并不乏某个个体数度改变其意识形态立场的事例。

意识形态的叙述者都宣称自己的主张具有理性、科学、进步等权威性的价值立场,并成为他们判定历史事件和思想发展的自觉的依据,他们会有意识地"拣择"历史资料以证明其所服膺的意识形态真理,由此而构造的历史则呈现为一个有着确定的理想方向的多种阶段。

自从严复翻译了甄克思的《社会通诠》之后,国人接受了一种进步史观,即社会发展必然会由野蛮社会、宗法社会向军国民社会进化。因此,一度军国民社会成为中国发展的范本,所有不符合这样的社会形态的观念和组织方式都被判定为落后和需要替代的。

在饱受军事和经济失败的压力之下,护卫文化的任务总会屈从于国家独立这样的目标。新文化运动时期,自由主义和社会主义等各种社会思潮相继传入中国,而这些思潮背后都存在各自认定为"真理"的历史发展模式作为基础。而论证其理论的真理性的依据则是其是否能帮助中国实现国家独立。

正如自由主义者认定现代化就是市场竞争和个人自由得到制度性保障的过程一般,社会主义思潮则认定消灭了国家和阶级压迫的理想社会必然会实现的,而此前的原始社会、奴隶社会和封建社会、资本主义社会则是实现社会主义社会的前奏。

这样的意识形态化历史观必然会影响到对于儒学发展历史的描述。在现代化的叙述中,儒家作为一种源于农业社会的思想观念,难以适应现代化的社会组织方式,因此儒家失去其生命力和现实影响力是一个必然的过程。按列文森的形象比喻,儒家最佳的未来就是作为博物馆的陈列品。在救亡史的叙述模式下,儒家要为中国近代的失败担负责任。无论是政治革命还是新文化运动所代表的"文化革命",其目标不仅是帝王和家族制度,而且还必须打倒儒家的纲常伦理。在20世纪,儒家先是失去了其持续了近两千年的独尊性价值的地位,后来又不断成为其他意识形态竞争中的重要变量。比如,国民党试图通过中华文化的本位性来与共产主义运动所代表的超国界的价值进行对抗,而在延安时期的中国共产党,则吸取了"中国化"的思路,力图通过中国化的马克思主义与盲目照搬苏联的教条主义式的马克思主义进行斗争,从而形成了以民族的、大众的、科学的新民主主义的文化观。但在如何对待中国传统文化的态度上,中国共产党接受的是唯物论和辩证法的哲学观,而国民党则更注重儒家的道德观念。所以毛泽东在1939年2月致信张闻天,讨论陈伯达的《孔子的哲学思想》一文时,特别指出:关于孔子的道德论:"应给以唯物论的观察,加以更多的批判,以便与国民党的道德观(国民党在这方面最喜引孔子)有原则的区别。""'仁'这个东西在孔子以后几千年来,为观念论的昏乱思想家所利用,闹得一塌糊涂,真是害人不浅。我觉得孔子这类道德范畴,应给以历史的唯物论的批判,将其放在恰当的位置。"①

然而,作为延安时期毛泽东最为倚重的思想上的助手,陈伯达在1939年撰写的关于老子和墨子的文章中,已经以是否具有朴素的唯物论和朴素的辩证法作为判别古代哲学家高低的标准。比如,陈伯达认为墨子之所以可以被称为是古代最伟大不朽的哲人,是因为墨子是下层阶级的代表,其思想中包含有唯物史观和阶级斗争的学说。②

一方面是与国民党的意识形态的斗争,一方面是唯物论哲学的影响,孔子的思想有限地获得肯定。但是,即使是在延安时期,孔子所代表的贵族式、倾向于维持秩序的观念势必是要遭到批评的。

需要指出的是,以儒家和法家的斗争为基本线索的一种思想史的叙述,在1949年之后,越来越被毛泽东所肯定。这方面的作品中最有代表性的作者是杨荣国和赵纪彬。

当然,杨荣国早在1940年代就形成了他的基本叙述方法,即从思想家的阶级地位出发,考察其是否具备唯物论的

---

① 中共中央文献研究室编:《毛泽东年谱:1893—1949》(修订本),中卷,114页。北京:中央文献出版社,2013年。
② 雷蒙德·F·怀利:《毛主义的崛起:毛泽东、陈伯达及其对中国理论的探索(1935—1945)》,82页。北京:中国人民大学出版社,2014年。

倾向来评判其思想的进步和反动。在定稿于1952年、出版于1954年的《中国古代思想史》中,他说,孔子虽是开私人讲学之风的思想家,但他的思想体系却是保守的,是要维护那日趋崩溃的种族统治的。"在儒家的一方面,把孔子的消极部分作了充分发挥的就是思孟学派;而具有积极意义,和法家同样反映当时新兴地主阶级利益,为新社会而致力的却是荀子。……因之,从儒家来说,真正代表封建制度的思想的是'礼表法里'的荀子的思想,而不是孔子的思想,因为孔子的思想是维护种族奴隶制的。"① 很显然,与儒家相比,法家厚今薄古的精神与建立在唯物论基础上的进步史观更具有内在的一致性。

在这样的意识形态叙事模式中,即使同样以马克思主义的社会发展模式为底色的郭沫若的叙述体系亦被认为对儒家过于温情。1970年代,在因林彪事件而展开的整风运动中,毛泽东几次谈到郭沫若的《十批判书》。1972年12月17日,在周恩来、张春桥和姚文元均参加的一次会议上,毛泽东说:"郭沫若的《奴隶时代》、《青铜时代》值得看。《十批判书》,看了几遍,结论是尊儒反法,人本主义。学术界一批人不赞成,赵纪彬、杨荣国都是批郭的,认为孔是复周朝的奴隶制。历史要多读一些。历史中有哲学史,其中分派。儒法两派都是剥削本位主义,法家也是剥削,进了一步。杨荣国没

---

① 杨荣国:《中国古代思想史》,2页。北京:人民出版社,1954年。

有讲清,新的势力兴起,还是剥削。"① 虽然毛泽东对杨荣国的观点提出了一些批评,但是明显他对于以儒法斗争来叙述中国思想史的做法是肯定的,而且其尊法批儒的倾向也十分明确。1973年7月4日,在与张春桥和王洪文的谈话中,又提到《十批判书》尊孔反法,这与国民党和林彪一样了。毛泽东说,他赞成郭沫若以春秋战国作为奴隶制和封建制分期的做法,但是不同意郭沫若对秦始皇的批评。② 或许是因为这样的一些谈话,批林整风逐渐转变为批林批孔,并进一步地发展为"评法批儒"运动。

1973年8月5日,毛泽东与江青谈话,专门说到中国历史上的儒法斗争。毛泽东说:"历代有作为、有成就的政治家都是法家,他们都主张法治,厚今薄古;而儒家则满口仁义道德,主张厚古薄今,开历史倒车。接着念了新写的《七律·读〈封建论〉呈郭老》一诗:'劝君少骂秦始皇,焚坑事业要商量。祖龙魂死秦犹在,孔学名高实秕糠。百代都行秦政法,十批不是好文章。熟读唐人封建论,莫从子厚返文王。'"③ 在1970年代,毛泽东的任何一次讲话完全足以成为全国性的运动,"批林批孔"和"评法批儒"这类本来可以成为一个学术讨论的议题则变成一次全民参与的政治活动。而毛泽

---

① 中共中央文献研究室编:《毛泽东年谱1949—1976》(修订本),第六卷,458页。北京:中央文献出版社,2013年。
② 同上,485页。
③ 同上,490页。

东对于秦始皇和法家的推崇,固然与他发动的任何一次政治运动一样,有其政治的目的,①而包裹在政治目的下的儒法斗争史也就成为一种特殊的意识形态的书写。

在1949年之后的儒学史书写中,任继愈先生也值得一提。

任继愈先生早年入北大和西南联大,曾师从贺麟和汤用彤,以佛教研究见长。1950年代开始信仰马克思主义,1956年在与熊十力先生的信中,明确提出自己已经开始怀疑儒家的价值理想,并最终放弃了儒家。

我和熊先生相处多年,相知甚深。我过去一直是儒家的信奉者。新旧中国相比较,逐渐对儒家的格、致、诚、正之学,修、齐、治、平之道,发生了怀疑。对马列主义的认识,逐渐明

---

① 对于这次运动的政治动机有许多种猜测,比如为了批周恩来,但朱永嘉认为不确。他认为:"那次尊法评儒思想运动的第一推手当然是毛泽东。这是批林运动的延伸,批孔是批林的延伸,评法则是批林批孔的深入。因为历史上,批孔还是法家代表人物比较尖锐而又彻底一些。我再说一下黄永胜书写的章碣的《焚书坑》那首诗,对毛泽东的刺激很大。诗云:'竹帛烟销帝业虚,关河空锁祖龙居。坑灰未冷山东乱,刘项原来不读书'。'竹帛烟销'与'坑灰未冷'是指责秦始皇焚书坑儒的,黄永胜借此来指责毛泽东及其发动的文革运动。祖龙是秦始皇,黄永胜是指毛泽东。'关河空锁'与'山东乱',是指秦始皇身后事的结局不妙。'刘项原来不读书',是讲秦始皇焚书坑儒阻止不了群众起来造反。毛泽东对黄永胜写这首诗的用意了若指掌,因此耿耿于怀。他当然不仅是对黄永胜的个人不满,而是如何消除这种观念在广大群众中的影响。毛泽东想从古籍中去寻找与此相反,以及更有力的论述,来肃清他的影响。那就是扬法贬儒、尊法评儒运动的源头。"朱永嘉口述:《晚年毛泽东重读古文内幕》,141页。香港:星克尔出版(香港)有限公司,2012年。

确。在1956年,我与熊先生写信说明,我已放弃儒学,相信马列主义学说是真理,"所信虽有不同,师生之谊长在","今后我将一如既往,愿为老师尽力"。熊先生回了一封信,说我"诚信不欺,有古人风"。以后,书信往来,就不再探讨学问了。①

1959年10月,毛泽东曾召见任继愈,谈论宗教问题,并肯定了任继愈先生的佛教研究是"凤毛麟角",并提出世界上的主要宗教都应该有人研究。1964年,任继愈还由毛泽东专门指定,组建中国社会科学院世界宗教研究所。任继愈先生另外一个重要的任务是组织编写了四卷本的《中国哲学史》(1962—1974年间出版),这部著作的编写组基本上集中了当时国内最为主要的中国哲学史研究人员。该书受前苏联教科书体系的影响,以唯物主义和唯心主义、辩证法和形而上学、认识论的框架来介绍中国哲学家的思想。在1980年代笔者上大学的时候,这套著作依然很流行,我印象最深的是关于老子哲学的叙述部分,此书中有两种写法,正文中将老子的"道"的思想概括为唯物论,附录中则说老子的道论是唯心论。这当然也说明用日丹诺夫式、将哲学史理解为唯物主义战胜唯心主义的发展史的方式来理解中国哲学是何等的圆凿方枘、扞格不入。

---

① 任继愈:《熊十力先生的为人与治学》,载《任继愈学术论著自选集》,533—534页。北京:北京师范学院出版社,1991年。

在1980年代,任继愈先生一系列讨论"儒教"的文章影响很大,这也是国内比较早的从宗教角度来理解和研究儒学的文章。但是深受马克思主义宗教观影响的任继愈先生对宗教有基本的预设:宗教是一种迷信,而科学一定会战胜宗教,宗教最终必将消亡。在这样的预设下,如果将儒家理解为一个不断宗教化的过程,那么儒家的发展史就是一部自我消解的历史。

对于儒家宗教化的倾向,在侯外庐先生主编的《中国思想史》中就已经初见端倪。不过,在多卷本的《中国思想史》中,汉代儒学的天人观、特别是谶纬思想被视为"神学",任继愈也继承了这个概念,并引申说儒学史就是一个不断神学化的过程。"封建宗法制度和君主专制的统一政权相适应的意识形态,对劳动人民起着极大的麻醉欺骗作用,因而它有效地稳定着封建社会秩序。为了使儒家更好地发挥巩固封建经济和政治制度的作用,历代封建统治者及其思想家们不断地对它加工改造,逐渐使它完备细密,并在一个很长时间内,进行了儒学的造神活动:把孔子偶像化,把儒家经典神圣化,又吸收佛教、道教的思想,将儒家搞成了神学。"①

按照一般的定义,建制性的宗教需要满足以下要素:信仰对象(上帝、佛陀、真主)、信仰组织(比如教会、庙宇)、信众和经典。而任继愈先生则不顾儒家世俗化和理性化的思

---

① 任继愈:《论儒教的形成》,载《中国社会科学》,1980年第1期。

想传统,将儒家与一般社会组织结合的"弥散性"(杨庆堃语)理解为比欧洲的宗教势力更有影响力和控制力。

儒教影响的深度和广度,控制群众的牢固性更甚于欧洲中世纪的教会,佛教禅宗把僧侣变成俗人,以求得中国的封建宗法制度配合;儒教则把俗人变成僧侣,进一步把宗教社会化,使宗教生活、僧侣主义渗透到每一个家庭。有人认为中国不同于欧洲,没有专横独断的宗教;我们应当看到中国有自己的独特的宗教,它的宗教势力表面上比欧洲松散,而它的宗教势力影响的深度和广度、控制群众的牢固性更甚于欧洲中世纪的教会。

在任继愈看来,宗教是人类社会所必须要经历的阶段,所以并不是儒教的理性化使中国脱离了宗教的危害,而是中国的特殊历史条件产生了儒教这样一种特殊的宗教形态。

在儒学发展的历史过程中,儒家人士在不断的进行儒家的宗教化努力,将孔子神圣化、将文献经典化。儒教也与佛教和道教一起参加朝廷的宗教仪式,违背儒家的伦理也会遭受不同的处罚。如此种种,使儒教阻碍了中国人的思想解放和科技的发展,并使中国的资本主义没有得到发展的机会。

董仲舒对孔子的改造,已经使孔子的面目不同于春秋时期的孔丘,汉代中国封建社会正在上升时期,统一的封建王朝继秦朝之后,富有生命力,配合当时的政治要求而形成的儒教虽有其保守的一面,但它有积极因素。宋明以后,中国封建社会已进入后期,出现的资本主义萌芽,不幸没有得到正常发展的机会。宋明王朝的统治者推动儒教的发展，朱熹对孔子的改造，与孔子本人的思想面貌相去甚远。如果说，汉代第一次对孔子的改造，其积极作用大于消极作用，那么宋代的第二次对孔子的改造，其消极作用则是主要的。儒教限制了新思想的萌芽，限制了中国的生产技术，科学发明。明代(十六世纪)以后，中国科技成就在世界行列中开始从先进趋于落后。造成这种落后，主要原因在于封建的生产关系日趋腐朽，使社会经济停滞不前，中国资本主义没有得到发展的机会，而儒教体系对人们探索精神的窒息，也使得科学的步伐迟滞。上层建筑对它的基础决不是漠不关心的，它要积极维护其基础。中国封建社会特别顽固，儒教的作梗应当是原因之一。①

在任继愈先生的叙事系统中，我们可以看到许多典型的意识形态要素：比如宗教是鸦片，是导致人愚昧落后的根源；社会发展是一个不断进步的过程，而中国社会亦必然会如西方社会那样经历封建社会和资本主义社会。但那时韦伯的著作还没有传入中国，还不会产生"为什么新教伦理催生了资本主义精神，而儒家伦理却成为制约资本主义在中国发展的阻力"这类的问题。任继愈先生对于儒家宗教化的讨论，并非是关注儒家思想中的超越性的因素，而是要把儒家与迷信、荒谬等同起来。因此，任继愈先生认为，"为了中华民族

---

① 任继愈：《论儒教的形成》，载《中国社会科学》，1980年第1期。

的生存,就要让儒教早日消亡。"

总之,历史事实已经告诉人们,儒教带给我们的是灾难、是桎梏、是毒瘤,而不是什么优良传统。它是封建宗法专制主义的精神支柱,它是使中国人民长期愚昧落后、思想僵化的总根源。有了儒教的地位,就没有现代化的地位。为了中华民族的生存,就要让儒教早日消亡。我们只能沿着"五四"时代早已提出的科学与民主的道路,向更高的目标——社会主义前进,更不能退回"五四"以前的老路上去。倒退是没有出路的。①

在这种"没有出路"的儒学史的建构中,比之于儒法斗争模式中法家代表进步,儒教代表保守、落后叙述方式,更为明显地呈现出极端的意识形态叙事模式对成见式"真理"的固执。

---

① 任继愈:《论儒教的形成》,载《中国社会科学》,1980年第1期。

第三章 现代儒学"游魂"何处归

"游魂"是余英时对现代儒学困境的一种描述,在他看来:"儒学对传统中国的主要贡献在于提供了一个较为稳定的政治、社会秩序,其影响是全面的……而'建制'一词则取其最广义,上自朝廷的礼仪、典章、国家的组织与法律、社会礼俗,下至族规、家法、个人的行为规范,无不包括在内。凡此自上而下的一切建制之中则都贯注了儒家的原则。这一儒家建制的整体,自辛亥革命以来便迅速地崩溃了。建制既已一去不返,儒学遂尽失其具体的托身之所,变成了'游魂'。"① 十分强调自己历史学家身份的余英时似乎一直在思考这样的问题,他甚至担心地说,儒家如果不甘于仅为游魂而想"借尸还魂",那么,在现代社会倾向于个人化境况下,

---

① 余英时:《现代儒学论》,31 页。上海:上海人民出版社,1998 年。

儒家似乎不容易找到其擅长的领地。

我之所以专门提出其"历史学家"的身份,是因为这对于余英时先生而言,既是其长,亦可成其短。言其长,历史学家注重史料和实证的精神,加之具备卓越的史识和方法论的自觉,于是诞生《朱熹的历史世界》这样的鸿篇巨制也属水到渠成。而谓其短,则是批评其不容易接受哲学性的讨论,对于理论性的发挥持有怀疑甚至否定性的态度。这一点最典型地体现在他对熊(十力)系新儒家所做的努力的怀疑甚至否定的倾向中。

在《钱穆与新儒家》一文中,他首先区分了三种"新儒家"的不同所指。最为宽泛的新儒家指的是对儒学不存有偏见的研究者,在余英时看来这种划分几乎没有什么实际意义。第二种是以哲学为取舍标准,凡对儒家思想有哲学阐发的即可以称为新儒家。最为严格意义上的港台新儒家主要由熊十力及其弟子所构成,这个群体有强烈的道统意识,这种道统意识是建立在以对"心性"的理解和体证上来判断历史上的儒者是否见得"道体"。

余英时认为钱穆先生正是基于史学家的立场,所以不会同意建立在个人体证的基础之上进行设定,因此钱穆不愿意在唐君毅、牟宗三等人1958年的中国文化宣言上签字。也就是说,钱穆先生不属于以哲学为标志的新儒家群体,更不属于以继承"道统"自任的熊十力一系的新儒家群体。

余英时把钱穆与熊、牟一系的新儒家进行区分,顺便把他自己与港台新儒家拉开了距离。这种区分或许可以避免将儒学窄化为"心性"之学的弊端,但是在对儒学的"同情"和"敬意"上,对儒学的终极价值的体认上,则大大地疏离了。这一点恐怕余英时"绑架"了钱穆先生。引用前述刘述先的话说,长期生活在美国的儒家研究者,儒学对于他们更多是"职业",所以他们身上并没有那种民族文化的负担。但是,即使钱穆不同意唐君毅和牟宗三的思路,但是这种对于民族文化主位性的承担感,则是相同的。

于是,在钱穆的作品中,我们可以看出更多的对儒家文明"招魂"的情怀,而在余英时那里则体现出一种"客观化"的态度。所以,在《钱穆和新儒家》一文中,余英时反对"门户"之见的同时,却在钱穆和牟宗三等人之间筑起了高墙。比如,在文中余英时列数了他对熊系新儒家的道统说、体证说的质疑,尤其反对牟宗三等人"内圣开出新外王"的政治哲学建构,认为这是一种背离政教分离的现代政治原则的"良知的傲慢"。他说:"新儒家把自己的领域划在开创价值之源的本体界,而民主与科学则是现代中国人所共同追求的两大新价值。因此新儒家才特别建构一种理论,说明这两大价值在中国的开创必须在源头处——儒家的'道'——着手。根据新儒家的解释,传统儒家的'道'所完成的道德主体的建立。新儒家则在这个基础上推陈出新,使道德主体可以通过自我坎陷的转折而化出政治主体与知性主体。这一创新性的转折便是新儒家给他们自己所规定的现代使命。"①这固然是牟宗三等人"自己所规定的现代使命",但如果抱有同情心地看待,儒学之凋零如此,对文化传统抱持信念者,必然会勉力寻求突破。即使按余英时先生的描述,钱穆先生亦是要从儒家的传统内找到应对西方冲击的文化出路,且指出钱先生中年以后,学问的宗旨确立,从此他对中国文化传统的生命力抱着无比坚定的信心。然而这种坚定的信心必然也来自于内在的信念,而非客观的证据。

由此可见,余英时对于"道统"型新儒家的批评完全来自于他自己对于儒家的特色和儒家的处境的认识。他说:

传统儒学的特色在于它全面安排人间秩序,因此,只有通过制度才能落实。没有社会实践的儒学似乎是难以想像的。即使在道德领域内,儒学的真正试金石也只能是在实践中所造成的人格,即古人所说的"气象"或"风范"。如果儒学仅仅发展出一套崭新而有说服力的道德推理,足以与西方最高明的道德哲学抗衡,然而这套推理并不能造就一个活生

---

① 余英时:《钱穆与中国文化》,80 页。上海:上海远东出版社,1994 年。对此,李明辉给予辩驳,他说:"第一,儒学与君主专制制度的结合系出于历史的偶然性,在现代的民主政治中,它反而可以更充分地体现其本质;第二,民主制度不能直接从西方移植到中国,而只能通过传统儒家文化的内在发展与调适去加以吸纳。在过去,自由主义被视为民主政治的理论基础。但如果社群主义(Communitarianism)对自由主义的批判有意义的话,我们就得承认:民主政治的儒家式证成(Confucian justification)是可能的。这便是"儒学开出民主"说的主要理论意涵,也可视为儒家的政治批判之例。在这个意义下,知识化的学院儒学成为传统儒学的另一种开展,也可视为儒家'外王'的表现。"李明辉:《儒家传统在现代东亚的命运与前景》,《上海师范大学学报》,2010 年第 6 期。

生的人格典范,那么这套东西究竟还算不算儒学恐怕总不能说不是一个问题。①

既然,制度化的儒家已然解体,而在多元社会中又难以树立一个公共性的道德典范,那么儒家的命运便是退向"幕后",成为"背景文化"。他说,现代儒学必须放弃全面安排人生秩序的想法,才能真正开始它的现代使命。理由是儒学已经不可能重新获得制度化的可能,因而无法再取得安排人生和社会秩序的合法性。因此,就需要向社会和个人生活领域开辟新的方向,余英时先生称之为"日用常行化"和"人伦日用化"。他借助现代政治中的"公领域"和"私领域"的分疏,认为儒家传统中的修身、齐家属于"私领域"的范围,而"治国平天下"则属于"公领域"。既然儒家不能直接在"公领域"发挥作用,就需要通过为"公领域"输送和培育有修养的公民和领导人物的方式在"公领域"发挥作用。"日常人生化的现代儒家只能直接在私领域中求其实现,它和公领域之间则是隔一层的关系。这大致类似西方现代政教分离的情况。换句话说,儒家在修身、齐家的层次上仍然可以发挥重要的作用,但相对于治国、平天下而言,儒家只能以'背景文化'的地位投射间接的影响力。"②

---

① 参见余英时:《现代儒学的困境》,载氏著《现代儒学的回顾与展望》,56—57 页。北京:三联书店,2004 年。
② 余英时:《儒家思想与日常人生》,载氏著《现代儒学的回顾与展望》,260 页。北京:三联书店,2004 年。

儒学由公领域向私领域的转变,在余英时看来是由来有之,他称之为儒学的宗教转向和民间化。这其实也构成了余英时的"儒学分期"说。虽然他自己并没有明确地提出"分期"的概念,但是根据他的文章我们可以总结出余英时的三期说:大约将先秦时期视为儒家的形成期;将汉唐视为制度化儒家的阶段;自宋代开始到明代趋于成熟的儒家的宗教转向,使儒家逐渐放弃政治化的路径而转向民间社会。余英时的思路有可能是受到"唐宋转型"①说的影响,也许还受到资

---

① "唐宋转型"是内藤湖南提出的一个分析中国历史的理论模型。其理论被他的弟子和西方学术界所补充和发展。其要旨据张广达先生的概括:"人们趋近一致的意见是,在唐宋之际,经济、社会、政治、文化、民间信仰乃至对外关系等诸多方面确实呈现了许多变化。在这些历史呈现中,在经济方面,诸如租税方面两税法的改革、农作技术的明显进步、农业的进一步发达,水稻及茶等商品化作物的增长、烧瓷冶铁等行业的长足进步,商业的繁荣取代律令制下的官市和关津贸易,货币流通的取代钱帛兼行、集市网络支撑的城镇的增多、大如华南小如苏州抚州等大小社会经济区域的形成、人口的激增、北方与南方在经济重要性上的易位;在社会方面,四民社会层级的结构性松动、士大夫的场域流动及代际沉浮、地域社会和不同类型的精英的形成、多样化的家族的出现、户等的变化、官私贱民的人身依附关系的蜕变、乡村制度和村落秩序的形成;在政治方面,世家贵族权势的失坠、君主独裁制的兴起、君权相权互动之下的君主专制化、律令制的瓦解。中央集权与地方势力的消长、士大夫的文化主体意识和政治主体意识的形成、科举官僚体制的壮大、党争等政治文化的变貌、职役法和胥吏制的出现;在文化方面,由于科举制度和朝廷右文政策导致的学术昌明和门类多样,从注重注疏到注重修身养性导致新儒学的形成、文学与艺术新题材的出现,城市发展促成艺术趣味的转变和庶民文娱活动的繁荣,应用科学和实用技术的显著进步、印刷术的促进教育普及、罗盘的促进航海发展;凡此种种,有些虽有地域差别,但是,在时间上,莫不或前或后参差发轫于唐宋之际。或者说,宋代上述领域出现的新事物、新气象,大多可以从唐代中期觅得端绪,验得萌蘖。"张广达:《内藤湖南的唐宋变革说及其影响》,载氏著《史家、史学与现代学术》,58—59页。桂林:广西师范大学出版社,2008年。

本主义萌芽说的"间接"影响。①

作为整个中国思想宗教化倾向的一部分,儒家的宗教化倾向,是深受禅宗思想的影响而形成的,"中国近世的宗教转向,其最初发动之地是新禅宗,新儒家运动已是第二波;新道教更迟,是第三波。新道教一方面继承了新禅宗的入世苦行,如'不作不食'、'打尘劳'('尘劳'也是禅宗用语),另一方面又吸收了新儒家的'教忠教孝',这便是唐宋以来中国宗教伦理发展的整个趋势。这一长期发展最后汇归于明代的'三教合一',可以说是事有必至的。从纯学术思想史的观点说,'三教合一'的运动也许意义并不十分重大,然而从社会伦理和通俗文化(popular culture)的观点说,则这一运动确实是不同忽视的。"②在余英时看来,新儒家的经世精神在北宋体现为政治改革,到南宋则转向教化,尤其以创建书院和社会讲学为其显著的特色。如此,新儒家的伦理才得以深

---

① 余英时说有必要重新挖掘16世纪以后的社会史,他认为传统的做法,一是将明清时代作为整个封建时代的晚期。二是将之视为资本主义萌芽的表现。这两种叙述模式均是从西方传入,过于强调了历史的断裂,而他则是要发现儒家的连续性。见《士商互动与儒学转向》,载氏著《现代儒学的回顾与展望》,188页。北京:三联书店,2004年。

② 余英时:《儒家伦理与商人精神》,载《余英时文集》(第三卷),282—283页。桂林:广西师范大学出版社,2004年。对此,沟口雄三有相似的说法:"阳明学在社会史方面所起到的作用,是使朱子学从以官僚为本位的道德治世之学转向以民间为本位的道德秩序之学,换言之,可以说这是把儒教道德从士大夫的修己治人之学扩大为民间的日常生活规范。就此而言,王阳明可称得上为儒教的民间渗透之潮流推波助澜的关键人物。"见氏著《中国的冲击》,133页。北京:三联书店,2011年。

入到中国人的日常生活之中,在这个由"得君行道"向"觉民行道"的转变中,明代的王学承担了儒学民间化的功能,"程朱理学虽然把士阶层从禅宗那边扳了过来,但并未完全扭转儒家和社会下层脱节的情势。明代的王学则承担了这一未完成的任务,使民间信仰不再为佛道两家所完全操纵。"①

明代的王学作为程朱理学的批评者,长期处于边缘化境地。而残酷的君主专制也导致儒生放弃了"得君行道"的上行路线。王门弟子的济世情怀既然难以在体制内发挥作用,就展开了诸如开办书院和民间讲学等志在"觉民行道"、"移风易俗"的下行路线。惟其如此,儒学才能绕过专制的锋芒,从民间社会方面去开辟新天地。因此,与许多人单纯地将儒家现代处境仅仅视为西方冲击的后果不同,余英时还着力从中国社会发展的内部去寻找儒家转变的逻辑。他认为近代以来的大变局,虽有外来因素的冲击的巨大影响,但并不能就此忽视中国思想内在转变的因素,这就是明末以来专制皇权政治的恶化和儒生弃儒从商的互动。"换句话说,近代中

---

① 余英时:《儒家伦理与商人精神》,载《余英时文集》(第三卷),290页。桂林:广西师范大学出版社,2004年。余英时的论说我们或许可以与沟口雄三对于中国历史的认识相参照,只是因为沟口更为关注社会主义在中国的内发性,而不更多地涉及儒学的分期,故不详细介绍。沟口先生认为:大约在16世纪末开始,中国南部的宗族组织不断发展,并逐渐形成一个集体性的相互扶助和相互保险的体制。这样的体制构成了中国政治中的一统和分权的紧张。他认为中国之所以选择社会主义,不是偶然的。"正是在中国强有力伸展着的相互扶助的社会网络、生活伦理以及政治概念,才是中国的所谓社会主义革命的基础。"见氏著《中国的冲击》,124页。北京:三联书店,2011年。

国的'变局'决不能看作是完全由西方入侵所单独造成的,我们毋宁更应该注意中国在面对西方时所表现的主动性。从思想史上看,清末民初出现了一批求变求新的儒家知识分子,他们在西方的价值和观念方面作出了明确的选择。但这些选择并不是任意性的;明清儒学的新动向在很大的程度上决定了他们的选择。"①

由此,在余英时的儒学史叙述中,儒家要经受理性化和世俗化的过程,因此他不能接受道统论及其所必然会推论出的贤能政治的趋向。这背后是一种典型的现代性所带来的启蒙逻辑,启蒙逻辑在中国近代往往将民主与科学的信念发展为"民主主义"和"科学主义"而转变为"启蒙主义"。

借助对宋明历史的理解,余英时认为儒家转向民间化的倾向在宋代萌芽,并形成于明代。据此,现代儒学要获得内生的、真实的发展空间,一是要转入"私人领域",通过教化民众,间接地在公共领域发挥作用。二是由于儒学已经没有可能重新制度化,因此要追随明代儒家特别是阳明学派所开创的觉民行道的路径,主要在民间社会发挥作用。

---

① 余英时:《士商互动与儒学转向》,载氏著《儒家伦理与商人精神》,162页。桂林:广西师范大学出版社,2004年。

第四章　工业东亚[①]与儒家资本主义

马克思曾经说过这样一段话,"亚细亚的、古代的、封建的和现代资产阶级的生产方式可以看作是社会经济形态演进的几个时代"。[②] 不过马克思甚至可能没有想到,马克思主义者会将这样一个不甚确定的社会形态分析归整为一个单一的公式,即原始社会、奴隶社会、封建社会、资本主义社会,最终发展到社会主义社会。而国际共产主义运动的第三国际以此为模式来指导各民族进行无产阶级革命,中国共产

---

① 子安宣邦认为,东亚概念是一个带有复杂政治含义,尤其是带有以日本为核心的与西方对抗的含义,"或许我们应该说:文化上的'东亚'作为抵御概念而成立,但它的背后正预设了作为日本帝国之地政学概念的'东亚'"。(子安宣邦:《东亚儒学:批判与方法》,11页。台湾大学出版中心,2008页)。而"工业东亚"概念,则侧重于东亚区域的现代化的发展,其提出的初期,并没有将中国大陆和越南等国家包括在内,主要区域是日本和韩国、新加坡以及中国台湾和香港地区。

② 马克思:《政治经济学批判导言》,载《马克思恩格斯全集》,第十三卷,9页。北京:人民出版社,1972年。

党也接受了这样的科学社会主义理论，中国革命的策略也是建立在这种对社会性质的认识上的。比如我们看延安时期的著名文献《中国革命和中国共产党》，其中就确定了中国当时的社会性质是半殖民地半封建社会，民族资产阶级和工人阶级并不壮大，所以革命的主要依靠力量只能是农民。在这样的理论指导之下，中国革命取得了成功。因此，关于中国社会性质的讨论，虽然也很激烈，但从来就不单纯只是一场学术讨论，而是夹杂着革命路线的确立、共产党和国民党的意识形态争论等诸多因素的论战。

不过，对于近代中国半殖民地半封建社会性质的确定，意味着一个重大的问题，即中国何以没有产生资本主义的问题。这个问题后来变成一个明朝末年是否存在"资本主义萌芽"[①]

[①] 对于资本主义萌芽的问题，曾经是1949年之后，中国历史学研究的少数几个核心问题之一。但是也有人认为这是一个不存在的问题。比如顾准说："我们有些侈谈什么中国也可以从内部自然生长出资本主义来的人们，忘掉资本主义并不纯粹是一种经济现象，它也是一种法权体系。法权体系是上层建筑，并不是只有经济基础才决定上层建筑，上层建筑也能使什么样的经济结构生长出来或生产不出来。资本主义是从希腊罗马文明产生出来，印度、中国、波斯、阿拉伯、东正教文明都没有产生出，这并不是偶然的。……认为任何国家都必然会产生出资本主义是荒唐的。特别在中国，这个自大的天朝，鸦片战争和英法联军敲不醒，1884年的中法战争还敲不醒，一直要到1894年的中日战争猛敲一下，才略打一个欠伸，到庚子、辛丑才醒过来的中国，说会自发地产生资本主义，真是梦呓！"（顾准：《资本的原始积累和资本主义发展》，载《顾准文集》，318、326页。贵阳：贵州人民出版社，1994年。）但顾准的批评并没有认识到这个问题涉及的并非单纯的学术问题，而是一个政治问题。因为如果没有一个资本主义的阶段，那么作为革命目标的建设社会主义社会便十分可疑。而本文所关注的则是萌芽说所带来的对儒学史的启蒙描述。即在这样的体系中，黄宗羲的政治思想和李贽的"童心说"，便与人性和反专制的民主思想建立起关联。

的问题。同样明朝末期的李贽、黄宗羲等人,则被看做是中国的启蒙运动。所以说,社会性质的讨论,也必然影响到对于儒家历史的认识,即在儒家的发展史上,存在着一个启蒙主义的时期。

1978年改革开放之后,以经济建设为中心的国策改变了原先以阶级斗争为纲的革命路线,思想领域也因为西方思潮的传入而变得活跃。对于儒家而言,一个十分吊诡的现象是一直倾向于法家而反对儒家的毛泽东,因其在"文化大革命"时期被神化,而被认为是受儒家的"圣王传统"的影响,同时儒家遏制中国的资本主义的产生也被视为是不刊之论。而对于人性与人道主义、利益和欲望的正当性讨论的论证过程中,儒家的保守、节制也被看作是国人缺乏创新和开拓精神的"国民性"的文化因素。

在重新理解马克思主义的实践性的口号下,曾经宣称已经被"跨越"的资本主义阶段被认为是必须要补上的一课。这充分说明,在启蒙和进步的神话面前,存在主义、弗洛伊德与"重新发现"的马克思找到了共同的论题。

不过,儒家似乎也找到了一个突破口,在国门打开之后,我们固然发现了美国和欧洲,同样也发现了日本、台湾、香港、新加坡和后来的韩国。这些国家和地区,有些就是中国领土的组成部分,如台湾、香港,还有一些以华人为主,如新加坡。而日本和韩国,则是被一些学者称为"儒家文化圈"的国家。他们的经验与一种新的社会理论找到了结合点,这个理论的创立者就是韦伯。① 虽然,1980年代的理论家们的问题意识依然笼罩在社会发展的五个阶段中,但是韦伯对资本主义产生过程中的精神因素的强调,似乎可以反思马克思主义学说中经济基础对上层建筑的决定性意义。卡尔·波普的《历史决定论的贫困》的流行,与对马克思亚细亚生产方式的讨论,都构成了对于中国特殊性的认知。由此,儒家便不再仅仅是启蒙要扫除的对象,而是构成了思考中国未来的一个必须要面对的要素。

对于东亚的现代化与儒家伦理之间的关系,有一些西方的思想家,比如法国学者汪德迈(《新汉文化圈》),美国的霍夫亨兹、柯德尔(《东亚之锋》)等从文化遗产、社会结构和公共政策等方面讨论了惯常认为可能会损害经济增长的家族关系、协作、对教育的重视等儒家文化的因素,认为恰恰是这些因素构成了东亚经济发展的独特优势。东亚的经济起飞似乎在挑战韦伯曾经提出的资本主义与新教伦理之间的亲

---

① 已有许多学者对韦伯命题的限度进行了反思,比如林端先生,他认为韦伯混淆了"文化内的比较分析"与"文化间的比较分析"。前者涉及的是西方如何成为现代西方的发展史的问题;后者涉及的是"非西方"与"西方"对比的类型学的问题。韦伯"为了彰显西方基督新教伦理的特性。他一方面把西方中世纪社会天主教伦理,另一方面又把中国传统社会儒家伦理(他把它看成一种宗教伦理:儒教伦理)作为对比的对象(对他而言,它们皆有"法则伦理"与"仪式伦理"的特性)。并将后两者等同看待……我们认为:他的比较宗教社会里混同文化内与文化间的理念型比较的结果。形成非此即彼的、西方现代基督新教伦理的类型←→中国传统儒家伦理的对比类型的二元对立。"林端:《儒家伦理与法律文化——社会学观点的探索》,168—169页。北京:中国政法大学出版社,2011年。

和力。

韦伯在《新教伦理与资本主义精神》一书中,提供了近代资本主义精神与新教伦理之间的联系,"近代的资本主义精神,不止如此,还有近代的文化,本质上的一个构成要素——立基于职业理念上的理性的生活样式,乃是由基督教的禁欲精神所孕生出来的。"①在进行了比较宗教学的研究之后,韦伯将中国作为一个反例,认为无论作为主流价值的儒教还是异端精神的道教,都存有一种对世俗的妥协态度,"儒教极度世界乐观主义的体系,成功地泯除了存在于此世与个人超世俗的命定之间的、基本悲观论的紧张性。然而,任何基督教伦理,无论如何纠缠在与俗世的妥协中,都无法达到这点。"②韦伯通过对中国的"士"的精神品性分析,认为对于血缘共同体的肯定,则意味着难以建立商业模式所需要的信用体系。而"君子不器"的立场,则难以形成一种专门化的职业体系。这阻碍分工明确的官僚体系的建立,也阻碍了需要专门化的经济企业朝向理性化的发展。对于修养的重视和道德自足的信心导致儒教徒缺乏一种以职业为天职的献身精神。"这样的对比可以教给我们的是:光是与'营

---

① 马克斯·韦伯:《新教伦理与资本主义精神》,181页。桂林:广西师范大学出版社,2010年。虽然韦伯认为资本主义的机械文明已经不再需要禁欲精神,而结果是物资财货获得到巨大而无以从中逃脱的力量,但是禁欲的精神却成为进入这个铁笼子的基础。前书,182页。

② 韦伯:《中国的宗教:儒教与道教》,312页。桂林:广西师范大学出版社,2010年。

利欲'即对财富的重视结合的冷静与俭约,是远不能代表和产生从近代经济里的职业人身上所发现到的'资本主义精神'的。"①

那么,东亚有别于经典的资本主义形态的新的工业化模式是否构成对韦伯命题的肯定或否定呢? 从肯定的方向来看,以韦伯框架来证明儒家伦理也存在着新教伦理所具有的世俗精神和超越精神之间的紧张感,由此说明,儒家也可以促进资本主义的产生。对于这样的论证方式,杜维明认为:"近来不少儒学从业人员为了要证明中国确有和新教伦理相似的工作伦理(work ethics),结果花了九牛二虎之力还是不能跳出由帕森斯译述韦伯文稿而提出的理论架构。试问,如果儒家传统中确有工作伦理(特别是指导商人如何奋发理财的经权之道),那么中国没有发展出资本主义(只有各式各样的萌芽)是不是更说明了新教伦理那种特殊的文化心理结构才是导向资本主义的不二法门。"②杜维明虽是不点名的批评,但是余英时先生却愤而反击,认为所针对的是他所著的《中国近世宗教伦理与商人精神》。该书讨论了中国宗教的"入世转向"、"儒家伦理的新发展"和"中国商人精神"等,并不是如余英时自辩那样并

---

① 韦伯:《中国的宗教:儒教与道教》,325 页。桂林:广西师范大学出版社,2010 年。
② 杜维明:《儒学第三期发展的前景问题——大陆讲学、答疑和讨论》,314 页。北京:三联书店,2013 年。

不涉及韦伯的"理论框架",①而且余英时对新教伦理和儒家伦理之间的异同的辨难读上去也似乎是在证明中国宗教中存在着韦伯所否定的紧张性。因此,刘小枫也认为余英时对中国近世商人伦理的研究存在着方向性的含混。他说:"余英时的提问带有一个方向性的含混,或者说提了一个假问题。探讨中国宗教伦理的俗世化对商人精神的影响究竟要说明什么,是不清楚的。如果仅是一个历史的事实性研究,则当属于一个史学的论题;如果按照韦伯的问题意识提问,则这一动力关系的分析等于什么也没说。"②既然中国现代资本主义是从西方引入的,所以讨论中国的资本主义萌芽本身并不关涉西方的影响的问题。然而,余英时试图讨论中国的资本主义精神的起源与中国宗教的关联。这样,韦伯的新教伦理变成一个普遍性的问题,而余英时要找的则新教伦理的儒教版本而已。

从否定韦伯的结论的方式看,更多的儒家研究人士,则认为"工业东亚"的产生意味着一种不同的现代化模式的产生。郑家栋认为,文化的解释不但有助于破除经济决定论的机械性,而且可以从多元文化中推出多元现代性的后果。"文化的解释之所以必要和可能乃是由于我们所面对的不只

---

① 余英时:《关于"新教伦理"与儒学研究》,载氏著《钱穆与中国文化》,297 页。上海:上海远东出版社,1994 年。
② 刘小枫:《现代性社会理论绪论》,80 页。上海:上海三联书店,1998 年。

是经济的高速发展,而是一种在许多方面都不同于欧美国家的新型的工业文明,此种文明的特殊性似乎很难从西方制度法规的引入及经济地理条件等方面得到解释。除非我们认定经济发展可以是与人和社会诸方面的复杂因素无关的纯粹操作性行为,否则我们就不能够忽视一定的历史文化传统相关联的社会环境、生活方式、伦理规范、价值取向等因素的作用。"① 既然现代化可以有多种实现的方式,那么对儒家的现代命运的认识就会发生很大的变化,即儒家无须"委屈"自己地去证明民主与科学之间的"曲通",因为不同的文化传统和不同的价值形态可以达成经济发展,政治稳定。

基于对韦伯命题所能带来的悖论性的结果,杜维明一方面要稀释儒家价值与东亚文明之间的直接对应关系,即认为东亚伦理的丰富性,儒家伦理只是其中的一方面,而佛教和日本的神道教、台湾的民间宗教等都呈现出该地区价值多元的样貌。另一方面,儒家伦理和东亚现代性之间也不是因果关系,而是一种"亲和性"的关系。杜维明说:"我不想引起人们的误解,认为我主张儒家伦理与经济成功之间有某种狭窄的因果关系。事实上,我的主张恰恰相反。如果一个人完

---

① 郑家栋:《断裂中的传统》,17—18 页。北京:中国社会科学出版社,2001 年。杜维明说:"工业东亚所代表的企业精神以及东亚社会组织所导引的特殊的政治发展路线,加上以儒家为主的文化价值,创造了一种不同于现代西方的生命形态。这一现象对整个西方的经济理论提出了很大的挑战。"载氏著《现代精神与儒家传统》,409 页。北京:三联书店,2013 年。

全信奉最高类型的儒家伦理,他就培养正义感,而不是牟利的欲望。对正义的追求不大可能导致纯粹从经济观念上来说明那种最大限度的谋利。所以,他们之间没有因果关系。……我的建议是用韦伯的观点作为一种解释模式,而不是作一种单一的因果解释。"①杜维明亦竭力想避免人们用因果关系的方式来理解儒家伦理与东亚经济发展之间的关系,但依然将之看作是反思启蒙心态和现代性、超越韦伯命题的经验事实,并期待印度教和伊斯兰教文明也提出相应的挑战:"韦伯命题最重大的涵义未必是现代化模式能否被不同文化验证的问题,而是对欧洲一百年来资本主义的兴起作出阐释:资本主义精神的发展和其新教伦理之间的微妙关系。现在我们要问的问题是面对现代文明提出的一系列大课题,儒家传统作为一个延续发展的精神文明能提供什么样的资源? 能否激发其他非西方的传统包括印度教、伊斯兰教和佛教发展它们自己的资源? 接下来就是全球伦理有无可能的问题。"②

工业东亚也被称为儒家资本主义,因此,对于新儒家群体而言,无论是支持还是质疑韦伯的理论,有一点是确定的,即他们将之视为儒家在现代社会依然具有生命力的标志。

---

① 杜维明著、高专诚译:《新加坡的挑战——新儒家伦理与企业精神》,114—115 页。北京:三联书店,1989 年。
② 杜维明:《东亚价值与多元现代性》,87 页,北京:中国社会科学出版社,2001 年。

有趣的是，早在1990年代，刘军宁就认为东亚资本主义的产生，意味着不能简单地判定儒家有碍于现代化。他说，韦伯对于新教伦理和资本主义精神之间的分析并没有错，只是并不能将这个结论推展至儒家不能与现代化兼容。"首先，儒教是不是在任何经济体制下或社会形态下都有碍于现代化？假定农业社会下的儒教有碍于现代化，那么，工业社会下的儒教是否也有碍于现代化？假定计划经济下的儒教有碍于现代化，那么，市场经济下的儒教是否也有碍于现代化。其次，假定政治化的儒教有碍现代化，那么，市俗化的儒教是不是也有碍于现代化？所以，所有这些问题都需要分开来回答，而很难笼统地说儒教有碍现代化。事实上，有一点似乎已经得到公认，即通过市场经济这只看不见的手，曾被视作为现代化障碍的儒教文化传统在很大程度上已经变成了东亚现代化的动力。"[①]

刘军宁由此开始讨论儒家与自由主义之间的关系，东亚在经济发展的过程中，政治上处于一个不断地引入西方自由主义意识形态的过程，而这些自由主义制度和价值虽然取代了儒家在这些国家中的地位，但是，在落实的过程中，却又不断与儒家的观点融合。因此，儒家与自由主义之间并不是一种简单的排斥关系。"东亚模式所体现的现代化道路，是一

---

① 刘军宁：《儒教自由主义的趋向》，载氏著《共和·民主·宪政》，278—279页。上海：上海三联书店，1998年。

个不断引入西方的自由主义意识形态和政治制度的过程,是用这种制度和意识形态取代传统的政治化和制度化的儒教的过程。在制度化的儒教被取代的同时,移植进来的自由主义的制度和意识形态,乃至整个东亚的现代化又打上了儒教的烙印。换句话说,儒教传统与自由主义在东亚呈现出一种互相融合的局面。"①

他甚至将东亚的政治模式概括为"儒教自由主义",即自由主义的制度加上儒家伦理,这很接近牟宗三和徐复观对于理想的民主制度的期待。"儒教自由主义是自由主义在儒教传统文化的土壤中安家落户后对儒教加以融合,形成了带有浓厚儒教色彩的自由主义。在政治上,儒教自由主义表现为代议政治、宪政法治、政党政治加上儒家的施政作风。在经济上,实行自由市场经济,加上克勤克俭、互相帮助的儒家工作伦理,同时政府受儒家富民养民思想的影响对经济生活进行积极的调控管理。在道德文化上,儒教自由主义既引入自由主义对个人权利,自立自主和竞争精神的强调,又保留了儒教的忠恕孝顺、尊老爱幼、重视教育和注重集体利益的价值倾向。"②

刘军宁对于"儒教自由主义"的论述在很长时间内并没有得到呼应,因为大多数自由主义者似乎很难摆脱简单的启

---

① 刘军宁:《儒教自由主义的趋向》,载氏著《共和·民主·宪政》,280页。
② 同上,282页。

蒙心态,将儒家思想看作是自由和人权的对立物,将传统中国的政治制度与儒家秩序简单地对应起来。同时,亦不能了解自由主义和民主政治体制的建立也必然不能脱离已有的文化传统和价值观念,只有互相融合而不是互相排斥,才是中国自由主义的发展方向。

相比之下,汪晖对于"儒家资本主义"命题的批评略嫌严厉。他认为:"儒教资本主义"这一概念掩盖了三个基本问题:第一,它掩盖了东亚各国的完全不同的发展道路和儒教文化圈内部的社会差异和历史差异,例如日本、韩国、越南和中国都属于儒教文化圈,但为什么所走的道路却如此不同? 第二,它实际上把资本主义看作是唯一的现代性模式,通过把儒教与资本主义挂钩,它暗示儒教传统不再是阻碍现代化的历史负担,而是实现现代化的历史动力。换句话说,对儒教价值的怀念并不是传统主义,也不是扼制资本主义的文化力量;在这些学者的眼里,儒教在中国现代化过程中的作用就如同韦伯所说的新教伦理对于欧洲现代资本主义的作用一样。第三,它掩盖了整个现代化过程与殖民主义历史的无法分割的联系。如果把儒教资本主义上升到某种规范的高度,就掩盖了现代历史形成的基本动力;全球市场及其规则对民族国家内部的经济关系的制约和规范较之任何其他力量都更为基本。"儒教资本主义"仍然是一种现代化的意识形态;通过对西方价值的拒斥,"儒教资本主义"所达到的则是对资本主义生产方式和世界资本主义市场这一导源于西方的历史形态的彻底肯定,只是多了一层文化民族主义的标记。①

我们要强调"工业东亚"和"儒家资本主义"这两个概念之间存在一定的差异,但即使我们在相同的意义下来进行讨论,在儒家文化圈中,不同国家走上的不同的道路也并不能否认儒家资本主义的命题,因为这个命题是从日本和韩国、台湾、新加坡等国家和地区的所发现的共同点来立论的,而同一文化区域走上不同的发展道路的例证很多。

儒家资本主义是否意味着认可资本主义成为唯一的现代性模式,这是一个值得反思的问题。以梁漱溟为代表的现代儒家,正是基于对于现代西方文明的反思而提出文化发展的"三路向"说的。郑家栋甚至将现代儒学视为世界性的保守主义思潮的组成部分。他说:"尽管新儒家学者总是自觉或不自觉地夸大了儒家思想中所包含的某些不为特定的历史时期和社会形态所限定的恒常价值在解决人类文化发展中所遭遇到的普遍性问题方面可能发生的影响和作用,但是,他们的探求和思索与西方20世纪以来在打破了有关'科学万能'的神话后兴起的人本主义和新人文主义学派相呼应,构成了人类自我认识和自我反省的一个环节和侧面。"②

---

① 汪晖:《死火重温》,61—62 页。北京:人民文学出版社,2000年。

② 郑家栋:《断裂中的传统》,2 页。北京:中国社会科学出版社,2001 年。

在这个意义上,对于"儒家资本主义"的肯定似乎构成了对于现代儒家立场的一种"背叛"。但是前述对韦伯命题的不同阐述方向,就意味着,不是所有的人都将儒家伦理等同于新教伦理。

汪晖对于全球市场及其规则和民族国家体系所带来的不平等的世界市场格局的批评切中了当下世界秩序的危机。但对于不平等的格局的批评并不意味着要孤立于现有的世界格局之中,儒家资本主义如果从肯定"资本主义"这方面来看,似乎是对导源于西方的历史形态的肯定,但如果从肯定"儒家"这方面来看,也意味着对于西方的垄断性地位的挑战。

不过,无论是马克思的社会发展阶段论,还是韦伯式的悖论,甚或"儒家资本主义"等等,对于儒家的种种叙事模式,始终不能摆脱源自西方的意识形态或理论模式的制约。这也意味着,中国至今还没有从回应西方挑战的格局中摆脱出来,故而难以真正形成基于儒学自身发展的命题。虽然,随着全球化社会的到来,世界各国已经不再存在完全孤立的问题和独立的思考脉络,但是,如何建立一种源发性的思考方式,并以此来参与全球问题的思考,这是儒家的"生死劫"。

第五章 康有为与现代儒学的产生

历史的叙事一般遵循线性时间的逻辑。① 无论采取何种纪年方式,总是以古/今、前/后的顺序延展。虽然对于古今的评价会存在很大的差异,比如有一种观点认为儒家"厚古薄今",法家"厚今薄古"。但是,在时间上遵循"由古而今"的走向这一点却不会有人质疑。

在这样的序列中,有许多重大的事件使得平均的物理时间呈现出意义上的差异,从而构成特殊的历史节点。很多时间点的特殊化是以某一重要人物的诞生而确立,比如将耶稣

---

① 葛兰言曾经说,中国历史上并不存在抽象的时间概念。的确,中国古代在讨论时间的时候,往往会与空间结合起来。比如在《周易》的解释系统中,爻位就体现出时间和空间之间的关系。但是,这并不意味着人们没有抽象出一个抽象的时间,否则便不能设想史马迁所做的年表。具体可参看:ChristophHarbsmeier: Some Notions Of Time And Of History In China And In The West. By *Time And Time in Chinese Culture* p49. Edited By Chun-Chieh Huang And Erik Zurchuer. E. J. Brill,1995。

的诞生作为时间的分界,已经成为世界通用的纪年方式。而对于中国人而言,公元前551年孔子的诞生时间也具有非同寻常的意义。也有一些时间的节点是以朝代的更替和国家的建立为标志。比如我们就会习惯地称呼"秦汉"和"希腊罗马"时期,等等。不过,历史的叙述会产生许多因时序变化而导致的重叠性,进而产生相对性,"古今"之义就是典型的体现。《韩非子·五蠹》说:"上古竞于道德,中世逐于智谋,当今争于力气",以当时的时间坐标将历史分为上古、中世和当今。而对于21世纪的人而言,这样的时间段的区分已经被新的古代、近代、现代所取代了。

然而,一旦我们采用"现代"这样的时间观念,问题的复杂性便立刻呈现出来。因为,我们不可能将"现代"定义在某一个时间的"刻度"上,因此,如何确定"现代"便成为所有的历史书写的一个共同的难题。

就西方而言,在文艺复兴之前就确立了"古代与现代的传统对比"。在19世纪、尤其是20世纪,"现代"(modern)的词义不断朝正面意涵演变,并发展出"现代性"(modernity)和"现代化"(modernization)等词汇。① 于是,"现代"不再单纯是一种时间上的序列,而是成为了一种西方最先形成的、以市场为特征的生产方式和以个人主义为指向的价值体系

---

① 雷蒙·威廉斯:《关键词:文化与社会词汇》,308—309页。北京:三联书店,2005年。

的代称。在不同的区域,"现代"的意义便呈现出积极或消极的不同后果。如果在西方,"现代"意味着"进步"抑或"堕落",那对于非西方的区域,"现代"就意味着相对于西方的"进步"的"落后",西方成为评价标准的绝对参照物。"几乎所有的欠发达民族都要面临这样一个共识:现代化=西方化,现代化的问题与民族身份的问题由此对立起来。几乎在所有的民族里,社会和文化上的现代化都与其他方面如经济、技术和物质方面的现代化迥然不同。"①这个不同在于这些非西方国家的人们被灌输这样一种观念:如果你们要实现经济和物质的现代化,你们的价值观念也必须发生根本性的变化。对于中国而言,因为现代化过程中带入了对独立和富强的诉求,导致开启了对于历史和价值叙述的全面西方化模式。

这样,对于中国而言,确定"现代"的起点,就不单纯只是一个时间点的选定,还带入了"空间"的视野。自主的时间延展被一个"西方"的因素所中断,由于现代性的基本规范是被西方所定义的,中国的"现代"就不是自我确立的,而是外铄的。

中国现代化进程是一种被动式的过程,而且在这个过程中,中国始终伴随着被瓜分和被殖民的屈辱。由羞耻而转化

---

① 雅克·勒高夫:《历史与记忆》,42 页。北京:中国人民大学出版社,2010 年。

的自卑以及救亡的迫切性,最终导致的是速变和全变的心态。如果说在1898年康有为还被视为激进派的话,那么到了1905年前后,即在梁启超所主持的《新民丛报》和章太炎、汪精卫等为主笔的《民报》上进行"革命"还是"改良"的论战的时候,康有为已经被视为落后于时代。康有为的学生和追随者们还因此发生了分化,梁启超甚至几次投向革命阵营。1911年民国成立之后,章太炎、刘师培这些早期的革命派,则因以"国故"的面目出现而被"新潮"所淹没。① 由于儒家的秩序和价值在如此急剧的变革中难以承载对激进主义的保守性反思的力量,所以,最终反传统主义和民族虚无主义的潮流占了主流。② 在这样的过程中,一方面所有与现代化相关的观念和社会组织方式被理解为西方化的扩展;另一方面,民族和国家的屈辱却要求他们以放弃自己历史和文化的方式去获得富强和独立。在此状态下,理智和情感纷乱错杂,启蒙和救亡被同质化。因此,无论是马克思主义及其共产国际,还是形形色色的其他西方世界的思潮,都成为衡量中国本土资源的标准。在基于反传统基础的革命历史叙事

---

① 1911年之后,章太炎的弟子们在北大创办《国故》杂志,而傅斯年等则创办《新潮》,最终,学生创办的《新潮》与《新青年》一起成为新文化运动的重要阵地,而《国故》则被视为反对新文化运动的载体。

② 林毓生说,五四的反传统主义者,"为了民族的生存与发展,他们对中国传统文化与政体进行了强烈的反抗与抨击。他们也是民族主义者,但他们底民族主义是反传统的民族主义。"林毓生:《中国传统的创造性转化》,152页。北京:三联书店,1988年。

中,儒家是作为一种"过去"存在着,只有当这个不被认同的过去,影响到民族认同和政治操作的时候,这样的"过去"才会被有限度的肯定。而康有为就是在这样的叙述体系中被描述的,要重新认识康有为,首先要反思的是这样的叙事模式。而重新认识康有为,也意味着对于中国近现代发展历史和对儒家的认识史的一次重新清理。

一、康有为的"历史局限"抑或"历史局限"下的康有为

在现在通行的教科书体系的中国历史框架中,中国有一个漫长的古代,即从远古到1840年、1840年到1919年极其"短暂"的近代,以及从鸦片战争到五四运动的"现代",并将1919年设定为中国现代史的开端。很显然,这样的划分基本上将中国革命史与中国近现代史(或者现代化史)归并。而"近代"和"现代"之间主要分界的根据在于是否接受"民主"和"科学"的革命精神,是否坚持反帝反封建的政治目标。这种"近代"和"现代"的区分并没有顾及惯常区分时代的时候所必须照应的生产工具、生产方式和社会组织方式的变化。于是令人感觉1911年中华民国成立的历史意义甚至比不上五四新文化运动。这种近现代之间的令人困惑的划分,导致以政治立场区分时代归属的混乱。

然而,这样的革命话语体系,几乎被国民党和中国共产

党所分享,①区别可能在于中国共产党坚持将一个阶级推翻另一个阶级的暴力革命作为革命的主要手段。

这样,中国"近代"和"现代"的关系被理解为革命的预备阶段和革命阶段,即"近代"的核心特征是"改良",如康有为和梁启超就是"改良"的代表,章太炎就是不彻底的革命者,孙中山才是革命的"先行者"。如此,康有为、梁启超和章太炎就被视为是"近代史"的人物。尽管他们直到1920年代或1930年代才走完剩余的人生,但是对于政治史和思想史而言,他们在"近代"以后的历史似乎已经"终结"了。因为在革命史的逻辑中,所有人的立场只有革命和反革命。在这样的线性认识中,对于中国现代化路径的不同思考,被他们的政治立场所覆盖,即使在思想方式和思考的角度上,康有为和章太炎已经足够"现代",但是他们的思想贡献却不得不被他们的政治态度所"覆盖"。

康有为的政治活动和思想体系均显示出丰富复杂的面向,其政治思想中,既有君主立宪、虚君共和这类对于君主制

---

① 王奇生对民国的革命话语做过如此评论:"自清末至1920年代,随着革命在中国的潮涨潮落,革命话语亦一直处于流变与演化之中。1920年代国、共、青三党都主张革命而反对改良,认为革命是一了百了地解决国家和民族问题的根本手段。这种对革命的积极认识和遐想式期待,使革命日趋神圣化、正义化和真理化。革命被建构成为一种与自由、解放、翻身、新生等意涵相关联的主流政治文化。另一方面,国、共、青三党分别以各自的政治利益和意识形态为依归来诠释其'革命'行径,使革命话语在日趋神圣化与正义化的同时,又意涵着浓烈的任意性和专断性成分。"王奇生:《革命与反革命:社会文化视野下的民国政治》,100页。北京:社会科学文献出版社,2010年。

度的坚持,也有大同理想中破除家庭、国家的公政府制度的探索;既有对郡县、封建这类传统政治制度的引述,也有对西方议会、宪政制度的肯定。所以,在晚清变化多端的思想格局中,康有为的思想归属是很困难的,他对于西方现代政治制度的接受,并将之与儒家的经典嫁接,使他思想中的自由主义特征,不用等到李泽厚先生的强调,即已被人所揭示。马克思主义历史学家侯外庐先生说:"康有为、谭嗣同、梁任公正是甲午战争以后的思想的一方面,他们代表了中国的自由主义思潮,他们迎接着从俾斯麦——彼得大帝——明治天皇的改良运动,企图中国的日本维新版出现。"①或许在最为典型的自由主义学派看来,无论是俾斯麦还是彼得大帝,都很难算得上是真正的自由主义,最多算是自由主义的左翼,因为他们虽然接受自由和平等这样的价值,但其切近的目标是国家的富强而不一定是个人权利的保障。所以,在侯外庐看来,这种不彻底的自由态度,容易造成其思想上的急剧反转,将富强的前途寄托在过去的皇帝身上。

> 代表自由改良的康有为,没有在运动中和民主派敢于结成联盟(在各国近代运动中,自由派与民主派恒常有暂时的同盟),只一只眼睛穿入宫廷,客观上反和民主

---

① 侯外庐:《中国近代启蒙思想史》,41页。北京:人民出版社,1993年。

派对立起来。这种一开始即走入孤立的政党,种下了以后保皇党与同盟会的政治斗争,亦种下了康有为朝气的暂而不久,维新运动一失败,他便掉头来拥护古旧,而与新的革命者做敌对了。他在那拉氏宣布叛逆捕拿的文告时,同时刻上了革命者对于他攻击的"满房"的烙印。他的"革命可以召致瓜分"之说,被一位中国大经学家章太炎责斥得体无完肤。今文家的传统随此政变而告结束,野狐狸式的说经风气亦就退下舞台去了。①

其实章太炎对康有为的驳斥并非基于学理上的完备,更确切地说应该是情绪上的激烈对于温和的胜利。吊诡的是,激烈如此的章太炎,自己却很快也与革命者保持了距离。在侯外庐看来,康有为、章太炎现象典型地体现出"过渡"的特征。因为在革命叙事的史学中,任何对于革命的迟疑甚至质疑,都会被视为落后,而被日趋激烈的革命"态度"和暴力的革命手段所否定。

维新运动者大声疾呼变革以求活路的宣传,在当时是一把号筒,启发思想之功甚大,他们的自由平等思想虽然在保皇立宪的歧途中散布着,但进步的成分在朝气

---

① 侯外庐:《中国近代启蒙思想史》,41 页。北京:人民出版社,1993 年。

中,在浪漫主义的气氛中,是具有所谓"过渡时代"的价值。这个时代极其短促,所以他们之受批评而为时代所吞灭亦极其迅速,他们"变"之信条,就在现实的百日维新变法中,已经因为没有"质变"观念,而自己动摇,不能贯彻。①

不过尽管只是"过渡"性的价值,依然在更为平允的叙述体系中,被看作是革命的前奏。毛泽东在《论人民民主专政》中,将康有为与洪秀全、孙中山、严复一起,视为向西方寻找真理的一派人物。② 在毛泽东看来,他们或许并没有真正发现真理,而是要到五四运动之后、中国开始接受马克思主义之后,这个真理才真正出现。由此,五四便成为一个时代的转折点。

以这样的立场进行中国近代史叙事中,产生了许多作品,其中,最为权威的作品应推胡绳先生的《从鸦片战争到五四运动》。在此书中,康有为被视作"半封建半资产阶级的代表",所以他身上有民族资产阶级的软弱性,他所依靠的依然是统治阶级,而害怕甚至敌视农民起义。

---

① 侯外庐:《中国近代启蒙思想史》,41页。北京:人民出版社,1993年。
② 毛泽东指出:"自从一八四〇年鸦片战争失败那时起,先进的中国人,经过千辛万苦,向西方国家寻找真理。洪秀全、康有为、严复和孙中山,代表了在中国共产党出世以前向西方寻找真理的一派人物。"毛泽东:《论人民民主专政》,2—3页。北京:人民出版社,1949年。

而他是自命为有"救世"的大志的。康有为一生主张"尊孔"。在他领导变法维新运动的时候,他把资产阶级改良主义的思想掺入到他所宣扬的"孔教"中间;在这以后,他成了反对资产阶级革命的顽固的尊孔派。他的变法维新主张以不破坏君权为限度,就这点说,他从来没有越出传统的儒家学说的樊篱。①

在胡绳看来,康有为所坚持的是一种庸俗进化论:

庸俗进化论只承认事物的量变,否认量变过程的连续性的中断,否认质的飞跃,否认从旧质到新质必须经过骤变,即突变才能实现。这种观点,在政治上,就是只主张点滴的改良,否定革命,主张同旧势力妥协,否定决裂。康有为强调这个观点,用它来为改良主义的政治路线服务。

康有为抬出孔子作变法的祖师,也是由他的改良主义路线决定的。他既然否定革命,否定用暴力推翻现有制度,主张依靠皇帝的意旨,依靠京师士大夫的响应,他就必须打出封建圣人孔子的招牌来证明自己的

---

① 胡绳:《从鸦片战争到五四运动》,537—543 页。北京:人民出版社,1981 年。

主张的合法性。他认为从公羊学说中能够发现孔子的微言大义,而这正好作为他的变法主张的依据,因此便竭力加以宣扬,以争取皇帝和士大夫的支持。但是他所讲的并不是当时占正统地位的程、朱、陆、王所解释的孔子学说,所以仍然不能不遭到封建主义者的激烈反对。①

侯外庐和胡绳这样的夹杂着学术面目的政治性叙事自然会影响到思想史、哲学史中对康有为的描述。李泽厚在他写于 1956 年的作品中,就是通过这样的"阶级分析"的方式,来讨论康有为的思想特色并判定他的政治立场。他说,康有为之所以要不像别的政治革命者那样持反对孔子的态度,并不是因为他的"怯懦",而是因为阶级特征。"太平天国的农民扔弃了孔圣人而拥护着其平等无私的上帝;资产阶级革命民主派也撇开了孔子。……五四文化运动则恰恰以'打倒孔家店'为战斗口号击溃了这一封建主义的思想体系。这种与康有为的不同,实质上正深刻地反映着阶级的不同。革命农民和资产阶级革命民主派不需要依赖孔圣人,无产阶级领导的民主革命正需要彻底摧毁以这一圣人为偶像和标志的封建主义上层建筑。只有康

---

① 胡绳:《从鸦片战争到五四运动》,533 页。北京:人民出版社,1981 年。

有为,只有与地主统治阶级关系特别深切的改良主义才会如此钟情于这一封建圣人。"①所以即使康有为一度有进步主义的观点,但其对于孔子的态度中埋下了复古主义的种子,所以当真正的革命风潮到来的时候,其政治立场就转向保守和反动了。"如果说,在康早年心目中的孔子是一个主张资产阶级民权平等的孔子,那么,康晚年心目中的孔子则已基本回到反对民权平等、肯定三纲五常的真正封建主义的孔子了。"②

冯友兰先生在1949年之后,也积极学习唯物主义,并以这样的立场来重新写作《中国哲学史新编》,书中新论迭出,不过在讨论康有为的时候,我们就可以很明显地看到他的"学习成果"。

对于康有为后期的政治立场,冯友兰先生说:"戊戌变法失败之后,康有为逃亡国外,直到1913年才回国。在流亡期间,康有为坚持君主立宪的主张,反对孙中山所领导的同盟会的反清主张和革命活动。回国后,他逆时代潮流而动,办《不忍杂志》,反对民主共和,鼓吹虚君共和,宣传孔教为国教,并在1917年积极参加了宣统复辟,成为历史的笑柄。"③在这样的逻辑中,对康有为今文经学方式的评价也以对他政治立场

---

① 李泽厚:《中国近代思想史论》,180—181页。北京:三联书店,2008年。
② 同上,182页。
③ 冯友兰:《中国哲学史新编》第六册,97页。北京:人民出版社,1989年。

的评价为转移,"康有为的公羊春秋的经学有进步的一面,也有反动的一面。在戊戌维新运动的时期,进步的一面发生了作用。到了戊戌以后,康有为坚持改良主义,反对革命,他的经学的反动的一面就成为主要方面了。"①很显然,自从在广州见过廖平改宗今文学,康有为的经学立场和政治立场,就再并没有改变。他以公羊三世说来为推动改革立场,同样以公羊三世来主张君主立宪,反对共和革命。如此,冯友兰先生对康有为的进步与否的评价完全是因为预设了主张革命等于进步这样的前提,政治的评价左右了学术的评价。

虽然康有为的今文学立场及其政治立场有其一致性,但是中国现代化很快由器物的引入到制度的变革发展到价值观的最后觉悟,外在环境的变化使得在此历史阶段的人,转身就可能由一个站在历史潮头的人被拍落到海水中。萧公权说康有为"在19世纪走在知识界之前,而在20世纪时远落后于当时的知识界","康氏自己或许在不知不觉中,不断地造成儒学的式微。在戊戌前夕,他勇敢地将儒学与专制分离;然而在政变之后,他以保皇会首领自居,自戊戌至辛亥,反对共和而主君主立宪;复于民国六年(1917年)以及十二年(1923年)两度参与复辟,使他的形象与帝制认同,因而被许多人视为民国之敌。同时,他首倡儒教运动无意间使儒术复与王政结合,而

---

① 冯友兰:《中国哲学史新编》第六册,114页。北京:人民出版社,1989年。

有碍于此一运动,因此在主张共和者的眼里,儒学的信誉全失。我们可以理解到,何以儒学被斥为政治民主与社会进步的障碍。"①的确在新文化领袖陈独秀等人的眼里,康有为就由一个激发他们变革社会的激情的引领者转变为一个新文化运动论敌的过程。他对于君主制度的肯定和孔教会的设计,全然是民主和科学的对立面。从某种意义上说,康有为可以说是腹背受敌,在他走在知识界前面的时候,他饱受正统儒家的批评;而在他落后于知识界的立场的时候,他进一步让儒家蒙受羞辱。如此,即使是同情儒家的知识人士,也愿意以批评康有为的方式来为儒学创造良性的发展空间。这一切都是康有为被现代儒学话语疏离的原因。

康有为被视为"前现代"的儒家,不仅是因为革命史叙述中的"落后"政治立场,而且还在于知识体系的转型后,其建基于今文经学而展开的思想体系被看做是"非科学"②的,因而其价值基础便不甚牢靠。

---

① 萧公权:《近代中国与新世界——康有为变法与大同思想研究》,108—109页。南京:江苏人民出版社,1997年。
② 中国人接受现代性的挑战的时候,发展出"唯科学主义","由于儒学为思想和文化提供参考框架的功能衰退,各种思想流派涌入中国,掀起了关于历史、语言、哲学和社会大论战等意识形态冲突。中国思想界对待现代文明的复杂成分的热情和渴望,正像它过去把儒学的价值态度体系和中国人生活中的佛教、道教方面综合起来理解时一样。所有这些计划及其反极化(新思想运动、学生运动、其他各种运动),都自信给自己贴上了完全科学的标签。科学取代了儒学精神,科学被认为是提供了一种新的生活哲学。"郭颖颐:《中国现代思想中的唯科学主义1900—1950》,8页。南京:江苏人民出版社,1995年。

其实,康有为在经学的瓦解①过程中的角色是十分吊诡的,一方面,他的《新学伪经考》和《孔子改制考》等作品,是以科学主义为标榜的"古史辨"派的精神源头,②另一方面,他借助经文经学而立孔子为教主的做法,即使在梁启超看来

---

① 陈壁生:"假设今文经学之说不废,则章氏之学,可以成为中国现代史学的正统源头,使中国史学继司马迁之后,实现再次从经学内部重新出发,建立全面的历史叙事传统。但民国创立,经学渐成土苴,今文经师之说,衍为孔教会,行之未久。章氏之学,虽一度大行于天下,但随着留洋学生归国与新文化运动的兴起,中西之别变成古今之争,章氏'国故'之论,本为发扬国史之光辉,转化为胡适之的'国学',则变成已死之历史。在胡适之等西化论者眼中,'中国'成为'历史',中国一切典籍,成为死去的史料,于是倡导"整理国故",以西方学科的眼光来看待中国典籍,建立起中国现代学科。至此,中国学术的现代转型完成,而经学终至全面瓦解。"见氏著《经学的瓦解》,9页。上海:华东师范大学出版社,2013年。虽然这个假设之不成立自有其历史的根据,经学的瓦解背后是科学主义的主导的世界的到来。那么儒家是像钱穆先生所期待的跟科学结合,还是走向价值理性依然主导,成为近代评价人物时,除阶级地位之外的另一个重要根据,康有为则是在这两方面都被判定为前现代的。

② 刘巍在《康有为、章太炎与晚清经今古文之争》一文中说:"康有为实在是初不以'疑古'为宗旨,结果却的确如章太炎所看到的为'疑古之史学'提供了思想动力。只是其间的界限也是必须看到的,像钱玄同、顾颉刚等'疑古学派'的代表人物对康有为的考证精神与政治意识作了几乎是异口同声的区分,用钱玄同《重印〈新学伪经考〉序》和《重论经今古文学问题》一再引用的顾颉刚的话来说:'康有为为适应时代需要而提倡'孔教',以为自己的变法说的护符,是一件事;他站在学术史的立场上打破新代出现的伪经传又是一件事实。'但这两者在康有为那里却绾合得亲密无间,或者说本不可分。所以,可以说钱玄同、顾颉刚等民国学人将'康学'作了取舍更准确地说是转化,康氏今文经学的'经世'精神及其由此产生的功利主义变成了史学上的理性精神与怀疑主义。这是绵延至民国学术思想史上的一个重要趋势即'经学的史学化'的一个侧面和一部分意义。"载《中国社会科学院近代史研究所青年学术论坛2005年卷》,323页。北京:社会科学文献出版社,2006年。

也是违背了科学精神的。①

在科学被视为一种"现代"的标签的时候,那么,深受这种意识形态影响的现代知识分子,即使是同情儒家的知识分子,在对近代以来的儒家做出评判时,康有为依据今文经学的立场对儒家面对现代问题而做出的思考就不会被认为是"现代儒学"的开端,只会是旧儒家的"回光返照"。比如新儒家的代表人物贺麟,在1941年发表的《儒家思想的新开展》一文中,就自觉地把自己与曾国藩、张之洞等早期试图应对西方挑战的儒家人士"划清界限",而自觉地认同五四运动的价值。很显然,他所认可的不是五四反传统对于儒家的刺激,而是认同五四的科学精神。"五四时代的新文化运动,可以说是促进儒家思想新发展的一个大转机。表面上,新文化运动是一个打倒孔家店、推翻儒家思想的一个大运动。但实际上,其促进儒家思想新发展的功绩与重要性,乃远远超过前一时期的曾国藩、张之洞等人对儒家思想的提倡。曾国藩等人对儒学的倡导与实行,只是旧儒家思想的回光返照,是其最后的表现与挣

---

① 梁启超在评说《新学伪经考》时,说"有为以好博好异之故,往往不惜抹杀证据或曲解证据,以犯科学家之大忌,此其所短也。"在评说《孔子改制考》时,说"有为谓孔子之改制,上掩百世,下掩百世,故尊之为教主;误认欧洲之尊景教为治强之本,故恒欲侪孔子于基督,乃杂引谶纬之言以实之。"所以,康有为之孔子是一个带有神秘性的孔子。梁启超:《清代学术概论》,199—201页。北京:中国人民大学出版社,2004年。

扎,对于新儒家思想的开展,却殊少直接的贡献,反而是五四运动所要批判打倒的对象。"①如果按照五四的精神来判定旧儒学和新儒学,那么其根本差异就在于旧儒学依旧停留于价值理性,而新儒学则是科学理性主导;旧儒学留恋纲常伦理,相信儒家价值在凝聚人心和奠基新伦理中的作用,而新儒家则试图从儒家里找到民主和自由的因素。

1980年代,方克立先生和李锦全先生开始着手对现代新儒学的研究,而理所当然,这个"现代"则可以替换为民主和科学,这样,现代新儒学运动就是中国现代化运动的一部分。

> 现代新儒家区别于先秦儒家亦区别于宋明新儒家,它是生活在20世纪的中国,深切地感受到西方文化的挑战和中国面临着迫切的现代化问题,其对应现实的方法是力图以儒家思想为主体为本位,来吸收、融合、改造西方近现代的思想和文化,力图找到一条使传统中国通向现代化的较平稳的道路。②

这个学派的基本特征是以宋明理学为根本精神来吸收

---

① 贺麟:《儒家思想的新开展》,载郭齐勇主编《中国哲学史经典精读》,494页。北京:高等教育出版社,2014年。
② 方克立:《关于现代新儒家研究的几个问题》,载《方克立文集》189页。上海:上海辞书出版社,2005年。

西方的政治、社会思想和哲学观念。李泽厚先生说:

> 在辛亥、五四以来的二十世纪的中国现实和学术土壤上,强调继承、发扬孔孟程朱陆王,以之为中国哲学或中国思想的根本精神,并以他为主体来吸收、接受和改造西方近代思想(如"民主"、"科学")和西方哲学(如柏格森、罗素、康德、怀特海等人)以寻求当代中国社会、政治、文化等方面的现实出路。这就是现代新儒家的基本特征。①

如此,在方克立等先生勾勒的新儒家的特征中,我们更多的是看到现代儒家与自由主义、马克思主义的相似之处,比如,他指出新儒家和马克思主义、自由主义在启蒙这一点上有共同点。"这三派思想都有救亡图存的爱国主义激情,都力图向西方寻找真理,来解决中国经济、政治、文化的现实出路问题,而又都想避免已经暴露出来的西方文明的弊端。可以说他们是'在许多共同观念的同一架构里运作',不过对同一问题的解决采取了不同的途径而已。他们之间的分歧和冲突推动了现代中国的历史进程,这三派思想共同构成了'五四'时期文化启蒙的真实内容。"②不过,在方克立看

---

① 李泽厚:《略论现代新儒家》,载氏著《中国现代思想史论》,280页。北京:三联书店,2008年。
② 方克立:《现代新儒学与中国现代化》,94页。天津:天津人民出版社,1997年。

来,新儒家的开放度是有限的,作为世界范围内文化保守主义的一个环节,新儒家坚持儒家本位的立场,对民主所必须的道德因素和作为意识形态的科学主义和工具理性保持警惕。因此现代新儒家与自由主义和马克思主义虽在同一框架里运作,又有对立与紧张。

从梁漱溟到杜维明,新儒家在启蒙反思问题上始终存有使命感,无论是熊十力还是后继的唐君毅、牟宗三、徐复观等人,对于民主政治和现代科学所可能出现的弊端都有很高的警惕。而梁漱溟则更是对现代化和都市化之间的关系做过分析。

在这一点上,如果我们把康有为和章太炎的思考都纳入视野的话,他们对于现代性的反思似乎更深刻,比如章太炎的《齐物论释》对于平等观念的反思、《代议然否论》对于议会和选举制度的质疑,都具有强烈的质疑现代国际秩序和西方政治制度的思考,其思维之宏阔和深远都远胜于后来的新儒家。所以要看到新儒家接受启蒙观念的一面,然作为现代儒学的特征,更应该看到他们对于启蒙和现代性的反思。

方克立认为,新儒家思潮产生于 20 世纪 20 年代,是以"接续儒家'道统'为己任,以服膺宋明儒学为主要特征,力图用儒家学说融合、会通西学以谋求现代化的一个学术思想流派。……先秦儒家,宋明新儒家,现代新儒家,这就是他们所说的儒家学术发展的三个阶段。现代新儒家所致力的就是'儒学第三期发展'的工作。"①

如果把现代儒学的起点设置于是五四运动之后的一个思想潮流,就会忽略康有为、章太炎对现代性所作出的富有创见的反思,从而把五四以后的新儒家看做是第三期儒学的发展的标志。这里有两个问题需要辨析,其一,以民主和科学为基本精神的现代新儒学能否成为现代儒学运动的核心追求?其二,如果以长时段的角度来看待儒学的第三期发展的话,(因为第一期和第二期儒学,都延续几百年)那么,即使民主和科学作为20世纪新儒学的核心追求,它们是否将依然是未来儒学的核心追求?如果未来儒学会有别的核心追求的话,那么民主和科学便难以成为第三期儒学的关键,以此类推,受五四运动的刺激而发展起来的儒学也就不应该成为第三期儒学的起点。

对此问题,方克立先生是有过思考的,他明确给出了为什么康有为和梁启超不能成为新儒家源头的原因。"我们在考虑现代新儒家产生的文化背景时,自然不能忽略他们和康有为、梁启超等人的思想联系,但康、梁在戊戌以后的保守思想却不能归入现代新儒家的范畴,辛亥前后的国粹派同它也有显著的思想特征的差异。"②

---

① 方克立:《要重视对现代新儒家的研究》,载《方克立文集》,177页。上海:上海辞书出版社,2005年。
② 方克立:《关于现代新儒家研究的几个问题》,载《方克立文集》,190页。

尽管肯定了现代新儒家和康有为、梁启超等人思想之间的内在联系，但是方克立先生是以是否持有"革命"的政治立场来界定新儒家的开端。他认为，康有为是企图用资产阶级思想来改造儒学，和新儒家以返本的态度来接引民生科学有立场上的错位。所以，康梁的思想不能列入现代新儒家思潮中。然而，这样做的后果一方面是儒家对于西方的回应限定在思想文化领域，从而不能全面反映儒家在政治、社会甚至经济领域的探索；另一方面尤其忽略现代儒家的政治和制度探索的倾向，事实上排除了政治儒学的可能发展方向。

二、截断众流：康有为的自我定位

康有为一直有成圣成贤的信念，儿时的聪敏过人会强化他的自我期望值。鉴于康有为经常夸大他自己在相关历史事件中的重要性，我们也就很难将他的自传《我史》完全看作是"客观的记载"，但也不能全盘否定其价值。在这本书中，康有为记录了他自己的两次神秘体验，一次是光绪四年（1878年），他21岁，正跟随理学大师朱九江先生学习。

> 至秋冬时，四库要书大义，略知其概。以日埋故纸堆中，汩其灵明，渐厌之。日有新思，思考据家著书满家，如戴东原，究复何用？因弃之，而私心好求安心立命之所。忽绝学捐书，闭户谢友朋，静坐养心，同学大怪

之,以先生尚躬行,恶禅学,无有为之者。静坐时忽见天地万物皆我一体,大放光明,自以为圣人,则欣喜而笑。忽思苍生困苦,则闷然而哭。忽思有亲不事,何学为,则即束装归庐先墓上。同门见歌哭无常,以为狂而有心疾矣。①

这次"自以为圣人"的体验,来自于他对于考据工夫产生怀疑,并树立起以挽救生民困苦为自己的志向,从而引发同门的不解。虽然他自己将这样的状态说成是"求道迫切,未有归依",但还是辞别朱九江先生,而去西樵山静坐。他在西樵山的白云洞研习佛老,常常夜坐不眠,种种苦乐都能现身试之。27岁那年,他

> 秋冬独居一楼,万缘澄绝,俯读仰思,至十二月,所悟日深……其来现世,专为救众生而已,故不居天堂而故入地狱,不投净土而故来浊世,不为帝王而故为士人,……故日日以救世为心,刻刻以救世为事。②

如此种种的神秘体验,与后来康有为执意前行、自信过人的态度有很大的关系。康有为经常跟梁启超他们说,他的

---

① 康有为:《我史》,11页。北京:中国人民大学出版社,2011年。
② 同上,15—16页。

思想到30岁的时候,已经基本定型,也没必要再前进。30岁或许是一个虚说,不过,康有为的确有一种要将孔子改制之密码在二千年之后重光于天下的雄心。

> 则今学息灭废绝二千年,至数十年间乃始萌芽,所谓穷则反本也。条理既渐出,亦必有人恢张今学而大明之,以复孔子后学之绪。而因以明孔子之道者,以所谓惟此时为然也。外论闻仆之言,每以为狂,以为二千年通人大儒辈出而莫之知,而待康某于二千年后发之,岂不妄哉?虽然,试问二千年中何如哉?贤者不能为时,此固无可如何者也。道者,天下之公,非一人之私。①

他的这种使命感必然给人一种狂妄的感觉,在儒学史上,前一次关于"学做圣人"的讨论已经要上溯到宋代的理学群体。那个时代的道学家那种为往圣继绝学,为万世开太平的精神,在漫长的时间里成为绝响。康有为面对西方的挑战,面对民众的痛苦,慨然以弘道自任,即使被人目为狂人,亦不足畏。

对于康有为标举公羊春秋,而将古文经典一概视为刘歆伪作的说法,当时在广东极具影响力的朱一新很有一些忧虑。他认为这种结论既缺乏事实根据,也对历代的先贤、经

---

① 康有为:《答朱蓉生书》(1891年7月28日),载《康有为全集》,第一集,316页。

师不够敬重,更为严重的是可能导致对六经整体的怀疑。他说:"《乐经》先亡,以无如何。幸而存者,仅有此数。自伪经古文之说行,其毒中于人心,人心中有一'六经'不可尽信之意,好奇而寡识者,遂欲黜孔学而专立今文。夫人心何厌之有?'六经'更二千年,忽以古文为不足信,更历千百年,又能必今文之可信耶?"①因此,认为学术之要不在新奇而在平淡,对康有为好做惊人之论进行了规劝甚至责斥。

对此,康有为则坚持他的经学立场,认为他的努力完全是为了强国、卫教。并表示他并不在意别人的批评,如果他的策略未能振若起衰,那就只待天意了。

> 故仆之急急以强国为事者,亦以卫教也,沮格而归,屏绝杂书,日夜穷孔子之学,乃得非常异义,而后知孔子谓创教之圣,立人伦,创井田,发三统,明文质,到尧舜,演阴阳,精微深博,无所不包。仆今发明之,使孔子之道有不藉国力而可传者,但能发敷教之义,宣扬布护,可使混一地球。非宣扬则亦不能,故今最要是敷教之义。仆窃不自逊让,与孔子之道,似有一日之明,二千年来吾人见及此者,其他略有成说。先辟伪经,以著孔子之真面目;次明孔子改制,以见生民未有;……以礼学、字学附之,以成一统;以七十

---

① 朱一新:《朱侍御答康长孺第三书》,载《康有为全集》,第一集,320页。

子后学记续之,以见大宗。辑西汉以前之说为"五经"之注,以存旧说,而为之经。然后发孔子微言大义,以为之纬。体裁洪博,义例渊微,虽汗青无日,而□□穷年,意实在此,若成不成则天也。若有所藉,则以此数书者,宣孔子之教于域外,吾知其必行也。仆生平志愿举动,但出于常纬,故人皆谤笑。天下滔滔,谁可语此?①

也有人认为近代中国知识群体之一往无前的牺牲精神可能受到佛教思想的影响,比如陈天华、谭嗣同等都表现出为理想而舍身就义的态度。从康有为的自述中,我们也可以看到他的救世情怀与他的宗教体验有关。

康有为这种狂者胸次被当时的权力阶层所嫉恨。而朝廷中亦有人士甚至要以言治罪。在《新学伪经考》刊行之后,安晓峰上一折奏请毁禁此书,然此折中的用词虽不一定是事实,但却并非完全无中生有之论:"康祖诒自号长素,以为长于素王,而其徒亦遂各以超回、轶赐为号。……今康祖诒之非圣无法,惑世诬民,较之华士、少正卯,有其过之而无不及也,如此人者,岂可容于圣明之世?"②

说康有为有"长于素王"的野心,这只能是政敌欲致其

---

① 康有为:《答朱蓉生书》(1891年),载《康有为全集》,第一集,325—326页。
② 《安晓峰侍御请毁禁〈新学伪经考〉片》,载苏舆编《翼教丛编》,25页。上海:上海书店出版社,2002年。

于死地的攻击之语,然康有为以改革基督教的路德自许,欲使孔子所创之儒家成一新格局,这一点不但是他自己的学生所言及①,也是论敌所着力攻击的重点。

有感于基督教在稳定社会秩序和保存文化上的意义,康有为确有以基督教为摹本来创立孔教会的思路,所以,孔子乃改制之万世教主,梁启超在谈及康有为《孔子改制考》一书的时候说:"有为谓孔子之改制,上掩百世,下掩百世,故尊之为教主;误认欧洲之尊景教为治强之本,故恒欲侪孔子于基督,乃杂引谶纬之言之实之;于是有为心目中之孔子,有带有'神秘性'矣。"②叶德辉等湖南绅宦从这一点出发攻击康有为是"用夷变夏"。"康有为隐以改复原教之路德自命,欲删定六经,而先作《伪经考》,欲搅乱朝政,而又作《改制考》,其貌若孔,其心则夷也。"③公允地说,如果考虑不同的儒学

---

① 梁启超以"孔教之马丁路德"来描述康有为,"吾中国非宗教之国,故数千年来,无一宗教家。先生幼受孔学;及屏居西樵,潜心佛藏,大澈大悟;出游后,又读耶氏之书,故宗教思想特盛,常毅然以绍述诸圣、普度众生为己任。先生之言宗教也,主信仰自由,不专崇一家,排斥外道,常持三圣一体诸教平等之论。然以为生于中国,当先救中国;欲救中国,不可不因中国人之历史习惯而利导之。又以为中国人公德缺乏,团体散涣,将不可以立于大地;欲从而统一之,非择一举国人所同戴而诚服者,则不足以结合其感情,而光大其本性。于是乎以孔教复原为第一着手。"梁启超:《南海康先生传》,载夏晓红编《追忆康有为》,12页。北京:中国广播电视出版社,1997年。

② 梁启超:《清代学术概论》,200—201页。北京:中国人民大学出版社,2004年。

③ 叶德辉:《叶吏部与刘先端、黄郁文两生书》,载苏舆编《翼教丛编》,165页。上海:上海书店出版社,2002年。

观和经学立场,叶德辉等人对康有为的批评大多言之有据,按照他们的逻辑:如果以耶稣来比附孔子的话,那么康有为给自己的角色定位就是孔教的马丁·路德。康有为的狂者胸次也影响到他的学生们,他们都视康有为为圣人,圣人认为属于康的时代必将很快到来。①

朱维铮先生在比较《实理公法全书》和《大同书》的时候发现,康有为在写作这两本书的时候,并不是采取孔子言论的诠释者的角度,而是直接将自己视为新的圣言的传达者,②在《实理公法全书》中,甚至根本没有提及孔子。而《大同书》的开篇,我们甚至可以感觉到汉初纬书的状态:

> 康有为生于大地之上,为英帝印度之岁,传少农知县府君(讳达初,字植谋)及劳太夫人(名莲枝)之种体者,吾地二十六周于日有余矣。当大地凝结百数十万年之后,幸远过大鸟大兽之期,际开辟文明之运,居于赤道北温带之地,国于昆仑西南带江河、临太平海之中华,游学于南海滨之百粤都会曰羊城,乡于西樵山之北曰银塘,得氏于周文王之子曰康叔,为士人者十三世,盖积中

---

① 章太炎在给他的老师谭献的信中说:"麟自与梁、麦诸子相遇,论及学派,辄如冰炭。……康党诸大贤,以长素为教皇,又目为南海圣人,谓不足十年,当有符命;其人目光炯炯如岩下电。"见谭献:《复堂日记》,415页。石家庄:河北教育出版社,2001年。

② 朱维铮:《从〈实理公法全书〉到〈大同书〉》,载氏著《求索真文明:晚清学术史论》,243页。上海:上海古籍出版社,1996年。

国羲、农、黄帝、尧、舜、禹、汤、文王、周公、孔子及汉、唐、宋、明五千年之文明而尽吸饮之。又当大地之交通，万国之并会，荟东西诸哲之心肝精英而酣饫之，神游于诸天之外，深入于血轮之中，于时登白云山摩星之颠，荡荡乎其骛于八极也。

这显然是以道统的传承者自况。

三、"新世"：康有为对所处时代的认知

通常而言，一个有见识的政治家特别是思想家，均会对他所处时代的变化表现出超出同时代人的敏感，这样的敏感是他们的预见性和判断力的基础。1840年之后的中国，鸦片战争之后，中国开始遭遇一种前所未有的挑战。不过因为战争所及只是东南沿海，所以，现代化的挑战要到1894年中日甲午战争之后才被广大的知识界所真正的体会到。

对于这种急剧变化有最强烈感受的是两类人：一是类似郭嵩焘这样的出使西洋的人或严复这样的留学生，他们身在发达国家内部，切身感受中国和西方这样的国家之间的竞争，事实上是两种生产方式、社会组织和价值观念之间的全面冲突。二是类似李鸿章这样处理各国事务的朝廷大臣。李鸿章在处理与西方国家的关系的时候，敏锐地感觉到中国

的国防边疆问题的重心已经由数千年来一直存在的西北边疆问题,转向东南沿海,也就是说陆地的挑战已经让位与海洋的巨浪。李鸿章在光绪元年(1875年)《因台湾事变筹画海防折》中说:

> 历代备边,多在西北。其强弱之势、主客之形,皆适相埒,且犹有中外界限。今则东南海疆万余里,各国通商传教,来往自如,麇集京师及各省腹地,阳讬和好之名,阴怀吞噬之计,一国生事,数国构煽,实为数千年未有之变局!①

在梁启超看来,对李鸿章的评价应该知人论世,因为李知道当时的变化是三千年未有之大变局。固然他还没有意识到西方协作侵略中国是现代民族国家利益高于道义的特性所决定,不过,西方人在完成对印度的殖民之后,中国就成为他们下一个目标。

> 臣窃惟欧洲诸国,百十年来,由印度而南洋,由南洋而中国,闯入边界腹地,凡前史所未载,亘古所未通,无不款关而求互市。我皇上如天之度,概与立约通商,以

---

① 转引自梁启超:《中国四十年来大事记》,载《饮冰室合集》,专集三,40 页。北京:中华书局,1989 年。

牢笼之,合地球东西南朔九万里之遥,胥聚于中国,此三千余年一大变局也。①

李鸿章认为如果士大夫不能对这个数千年的大变局有所认识,依然热衷于章句之学,结局就不是仅仅割地赔款,而是会亡国。所以变法维新是可以挽救中国的唯一出路。

身处广州,游历过香港,并购买了大量江南制造局所译西书的康有为,对于时局亦有异于常人的识见。《上清帝第四书》他亦采用了数千年未有之大变局,虽然我们并不能了解康有为这个判断与李鸿章的断语之间是否存在着关联。

夫泰西诸国之相逼,中国数千年来未有之变局也。曩代四夷之交侵,以强兵相陵而已,未有治法文学之事也;今泰西诸国以治法相竞,以智学相上,此诚从古诸夷之所无也。尝考泰西所以致强之由:一在千年来诸国并立也,若政稍不振,则灭亡随之,故上下励精,日夜戒惧,尊贤而尚功,保民而亲下,其君相之于一士一民,皆思用之,故护养之意多,而防制之意少。其士民之于其君其国,皆能亲之,故有情而必通,有才而必用。其国人之精神议论,咸注意于邻封,有良法新制,必思步武而争胜

---

① 李鸿章:《复议制造轮船未可裁撤折》(同治十一年五月),引自梁启超《中国四十年来大事记》,《饮冰室合集》,专集三,39页。北京:中华书局,1989年。

之,有外交内攻,必思离散而窥伺之,盖事事有相忌相畏之心,故时时有相牵相胜之意,所以讲法立政,精益求精,而后仅能相持也。①

在这个文本中,康有为首先指出,变局的核心在于目前国家之间的竞争不仅是军事实力的竞争,还有社会组织能力和知识水平的竞争。而西方国家之所以从这样的竞争中得到发展,主要是他们能意识到别的国家的发展状况,并努力学习。康有为这么说的用意在于希望光绪皇帝能够从邻国日本的崛起中学习到经验。

戊戌变法之后,康有为前后流亡于世界三十多个国家,既有欧美发达国家,也有印度、墨西哥、马来西亚这样的发展中国家。在对中国和西方进行比较的时候,他经常会用"新世"这个概念来说明欧洲和美国所处的发展阶段,并按公羊三世的说法,认为中国和西方的差别是一种"世"的差别,即中国处于据乱向升平发展的阶段,而西方已由升平向太平世发展。

"新世"的标志是西方新的科技发现和经济社会组织方式的先进程度。而康有为认为最重要的是政治制度层面的发展,而这正是要把中国建设成新的国家所需要学习的。在他看来,"新世"表面上表现为声光电化这些科技的发现和

---

① 康有为:《上清帝第四书》,载《康有为全集》,第二集,81页。

生产方式的进步,从而使物质文明的繁荣为数千年所未有。不过他更看重的是政治上所发生的巨大变化,这个变化如果以法国革命作为起点的话,主要是民权对于贵族统治的取代。于是议院产生,公共教育体系逐渐形成,社会公共服务系统建立。"工艺之精美,政律之修明,此新世之文明乎,诚我国所未逮矣!今且当舍己从人,折节而师之也。"①

1911年中华民国成立之后,康有为也以天下王朝向共和政体的转变来定义"数千年未有之巨变"。在康有为看来革命迅速成功乃可以因为情感上的激烈而达成,而革命之后所要进行的建设,则是一个极其复杂的过程,因为建设共和乃是"数千年之中国书传无可考",他说:"且今兹之革命,非止革一朝之命也,实革中国数千年专制之命也。今兹之建设共和也,于数千年之中国书传无可考"②。从这个意义上说,康有为明确意识到1911年革命与以前王朝更替之间的本质区别,这样的国家形态的变革意味着国家存在的合法性以及

---

① 康有为:《法兰西游记》,载《康有为全集》,第八集,201页。在《日耳曼沿革考》中也有类似的表述:"方今新世之绝出于旧,及欧人之凌吞大地,而欧美化之震靡万国者,岂非平等、共和之公,立宪、民权之变,汽电、新器之奇,美、澳太平洋之辟,政法之密,与其宫室、什器之精哉!"载《康有为全集》,第八集,240页。康有为认为学习西方是必要的,这是从时势的角度,而并不认为这样的原则是正确的,而是不得不然的。"今欧洲新理,多皆国争之具,其去孔子大道远矣。一二妄人,好持新说,以炫其博。迷于一时之权利,而妄攻道德。"见《意大利游记》,载《康有为全集》,第七集,374页。

② 康有为:《共和建设讨论会杂志发刊词》,载《康有为全集》,第九集,289页。

社会秩序的建构原则要发生根本性的变化。康有为所关注的是在这样的巨大变革中,中国的文化传统、生活习俗以及儒家的思想是否能否成为新的国家建构的基础。在《中国以何方救危论》(一九一三年三月)他对这样的变局表现出深刻的忧虑:他说:"今兹之革命,非止革满洲一朝之命也,谓夫教化革命、礼俗革命、纲纪革命、道揆革命、法守革命,尽中国五千年之旧教、旧俗、旧学、旧制而尽革之;如风雨迅烈而室屋尽焚,如海浪大作而船舰忽沉。"①在这篇文章中,康有为比较了法国、英国、瑞士等国的共和建设的不同形态,认为各国的不同是基于其独特的历史文化和地理环境,治理国家并无包医百病之良方,中国要建设新的国家,要寻找适合中国自己的道路。基于对于建国目标的体认,康有为提出的方案是价值和教化领域建立孔教会,以保证儒家成为新的国家凝聚之魂。在具体的制度设计上,则是强调国家目标的优先性,防止分裂,并通过国家一统和地方自治的协调来吸纳现代民主政治的理念。

或有人质疑1840年之后的变局在中国历史格局中的地位,依我看,或许发生于殷周之际的封建制度的形成和秦汉之际的大一统郡县制的形成,可与西方的挑战所带来的整体性变化相比。至于唐代家族制度的崩溃或发生与唐宋之际的转型,因为未发生制度建构原理的根本变化,并不能与

---

① 《康有为全集》,第十集,35页。

1840年的变化构成质的相似性。对此刘小枫的说法可资借鉴。他说:秦汉的转折,在制度层面上已经基本确立皇权大一统的王朝国家形态,而儒家在获得独尊地位之后,制度理念的正当性也通过结合天命转移结合周期性的革命而获得解释。之后"虽然各代都在具体的制度安排方面有所变革,为制度问题忧心的儒生代不乏人。然而,凡此变革和忧心,都是在儒家的制度理想的框架中生发的,儒家政制理念的正当性本身,从未收到过挑战。佛教义理入华,对作为国家宗教的儒教的义理有很大的冲击……但佛教入华,并未携带一套政制理念,从而未激起儒学在政治理念选择上的反应"。①换句话说,宋明理学作为儒学发展的一个重要阶段,其核心在于为儒家价值和制度体系获得形上支撑,并未发展出新的形态。而1840年之后的中国则不同,在现代性潮流的裹挟下,儒家需要一种全新的应对,这种应对需要从义理层面和制度层面的双重回应。对于中国而言,我们固然要看到其与中国历史和文化的连续性,更应该意识到这其中的"断裂性"②。康有为首先是意识到了这种变化在中国历史变局中

---

① 刘小枫:《儒家革命精神源流考》,载氏著《个体信仰与文化理论》,532页。成都:四川人民出版社,1997年。

② 吉登斯认为现代性的断裂特征并没有被重视,这是因为进化论历史观的影响。在他看来现代社会从传统社会分离出来并构成了断裂,其要素包括,现代性到来的绝对速度,现代性影响的范围以及现代制度组织形式相对于传统制度的独立性和差异性。见氏著《现代性的后果》,5—6页。南京:译林出版社,2000年。

的重要性,并根据他自己的理解做出了反应,因而使他的思考具有一种开创性的意义,就此,他就站在了儒学变革和形成新形态的最前端,并构成分期的界标。

第六章 何以康有为当得起一个分期的界标

如前所述,在革命史的叙述中,在戊戌之后,康有为考虑如何在保全国家的前提下,建立一个新的国家,所以导致他对于儒家思想的坚持和对于暴力革命的反对,因此,他被看做是一个落后于时代的"过渡人物"。而他在政治活动中的投机性,私人生活领域的道德纯粹性的缺失,他依据今文经学的立场,都使他甚至不被儒家群体所接纳。因此,在许多的儒学史和哲学史的叙事体系中,康有为并不能构成一个真正的时代开端。不过也有一些敏锐的分析家看到了康有为的独特性,比如李泽厚。在1957年,他以一种当时最为流行的意识形态话语指出,康有为的哲学"一方面,它是中国古典哲学的继承和终结,另一方面他显示了中国近代哲学将要真正开始。"[①]

---

① 李泽厚:《康有为思想研究》,载氏著《中国近代思想史论》,124页。北京:三联书店,2008年。

李泽厚的马克思主义立场令我们思考他所说的"近代哲学"和"现代哲学"之间的差异。

另外,迄今为止最有影响的康有为研究者萧公权确然地肯定康有为在儒学史上的地位,认为他是继先秦、汉代、宋明之后,儒学第四阶段发展的"开导者"。他说:"康有为可说是一儒家修正主义者。他对儒家思想的修订与充实,可说有功于儒学。儒学自其创始人死后2000年曾经过多次理论发展的阶段。第一阶段成立于秦始皇统一中国后不久,当时有孟子和荀子所建的相对立的学派正将儒学带向两个不同的方向。第二阶段至汉代董仲舒及其他公羊学者之时达到高潮。第三阶段因宋代理学而起,道家与佛家的思想给与儒学前所未有哲学上的充实。康有为则直接从19世纪公羊学者获得线索,并用西方以及佛家思想给与儒学以一普及的意义,因此扩大了它的伦理与政治学说,然则他可能是开导了第四阶段的儒学发展,所以可说是在儒学史上占有极重要的地位。"①

"儒家修正主义"是一个似是而非的名词,因为任何对于儒学思想的发挥都可以称之为"修正"。萧公权的卓识在于他看到了康有为结合西方及佛教思想对儒家思想的创造。进一步我们需要说的是,如果将1840年的中西冲突看做是

---

① 萧公权:《近代中国与新世界:康有为变法与大同思想研究》,107—108页。南京:江苏人民出版社,1997年。

中国现代化的起点的话,那么我们完全可以放弃那个短暂的"近代",而将之视为现在依然在进行的"现代"中国的一部分。① 依此,康有为所进行的现代儒学的建构活动就不会被视为是过渡性的,而是奠基性的。在这样的视野下,五四新文化运动,就可以被看作是早期现代化进程中的激进化的自我否定情绪的体现。而作为对五四迎合式的反思所产生的儒学思潮,并不能被看作是现代儒学的真正开端。

经过一百年曲折的探索和经济的发展,国人又开始重新审视这段历史,包括以五四为代表的文化虚无主义,认识到中国自身的文化传统和价值体系对于建构一个良序社会的重要性,由此,如何看待现代儒学的开端亦是对于如何期待儒学的发展构成一种内在的关联,而康有为的全面性就使他成为现代儒学进程最为合适的起点,何以见得呢?

一、重新阐发儒学的精神以及厘定的儒学史

中国的经典系统是在漫长的历史发展过程中逐渐形成的,所以,儒学史的一个核心问题就是孔子和经典的关系问

---

① 沟口雄三主张以一种连续的眼光来看待1840年之后的历史,他说:"在这一百年的时间里,中国一以贯之地所追求的基本上是两个长期性的课题——吸取西欧文明、推翻王朝制度并建立取而代之的新的国家体制。"见氏著《中国的冲击》,116页。北京:三联书店,2011年。

题。大约在战国后期就开始逐步建立孔子和六经之间的内在关系①,并逐步把六经组成一个内在一致的价值和治理系统。最为典型的说法由《礼记·经解》所提出:

> 孔子曰:入其国,其教可知也。其为人也,温柔敦厚,《诗》教也;疏通知远,《书》教也;广博易良,《乐》教也;洁静精微,《易》教也;恭俭庄敬,《礼》教也;属辞比事,《春秋》教也。故《诗》之失愚;《书》之失诬;《乐》之失奢;《易》之失贼;《礼》之失烦;《春秋》之失乱。其为人也,温柔敦厚而不愚,则深于《诗》者也;疏通知远而不诬,则深于《书》者也;广博易良而不奢,则深于《乐》者也;洁静精微而不贼,则深于《易》者也;恭俭庄敬而不烦,则深于《礼》者也;属辞比事而不乱,则深于《春秋》者也。

这段言词的最可注意者,一方面是指出经典的独特性,另一方面又强调经典并不能单独构成一个意义系统和行为

---

① 一般认为"六经"这样的说法,最早见于《庄子·天运》,文中记载了孔子和老子的一段对话:"孔子谓老聃曰:'丘治《诗》、《书》、《礼》、《乐》、《易》、《春秋》六经,自以为久矣,孰知其故矣;以奸者七十二君,论先王之道而明周召之迹,一君无所钩用。甚矣!人之难说也,道之难明邪?'老子曰:'幸矣,子之不遇治世之君也!夫六经,先王之陈迹也,岂其所以迹哉!今子之所言,犹迹也。夫迹,履之所出,而迹岂履哉!'"文中虽攻击六经为"陈迹",但道明了六经与孔子的关系。学者多认为此文当写作于汉初,但又认为"六经"之名,可能在战国就已出现。

指导原理,而需要互相支持。汉代罢黜百家,独尊儒术,所以墨家和其他先秦诸子所确立的经典和解释方法逐渐不行于世,而孔子及其弟子对于这些经典的解释被确立为真理性的存在,这就是司马迁在《史记·孔子世家》中所说的"折中于孔子"。司马迁说:"孔子布衣,传十余世,学者宗之。自天子王侯,中国言六艺者折中于夫子,可谓至圣矣!"这里的"六艺"所指就是六经。

自汉之后的儒学发展史即以儒家经典的不同解释作为其时代标志,比如魏晋所出现的以王弼等为代表的玄学化解释。唐代的韩愈试图通过发掘儒家的心性系统来抵御和反击佛教的努力引发了宋明时期道学的兴起。在皮锡瑞的《经学历史》中,宋元明的经学是一个一代不及一代的"积衰"时代,之所以依然对宋代的经学还有一些保留性的肯定,即是他所说的"宋儒学有根柢,故虽拨弃古义,犹能自成一家"①。所谓拨弃古义,所批评的是宋儒解经著作亦好尚新奇而不遵古训,最为突出的则是宋代经典系统的转变。

宋明时代的儒者最为重要的贡献在于依据经典阐发新义,尤其是试图建构儒家的形上系统,所以尤其重视《周易》,"无极而太极"的问题争议日久,要点在于如何为儒家的社会秩序构筑坚实的形上基础。而在心性阐发上,则特重《论语》、《孟子》,朱熹并通过对《大学》和《中庸》的工夫论

---

① 皮锡瑞:《经学历史》,205 页。北京:中华书局,2004 年。

和心性思想的强调,建构起"四书"系统,并借由宋明时期越来越严格的科举制度,实现了儒学的第二次独尊。

有清一代,特重考据,然内在的今古文之间的紧张性从清中叶就已经开始,随着社会矛盾的激化,以公羊改制思想为基础的春秋学则随着龚自珍、魏源等晚清主张变革的人士的阐发而显学化。而西方的入侵使变革的热情高涨,如何借助经典的力量促成社会变革,则是廖平、康有为等人的逐渐凝聚共识的焦点。

康有为的经学转变深受廖平影响,当为不刊之论[①],然康有为接受今文经学并直接建立以《春秋》乃孔子改制大法之所在,并付诸实施,乃有廖平所没有的理论和实践之勇气。

儒学的发展以经典传承和诠释为经纬,然不同的时期,因所面对的问题不同,所据发挥之儒家经典各有所重,其背后则要以对儒家精神的理解为转移。康有为面对西方文明的冲击,认为儒学所要面对的是人的权力和社会秩序乃至国际秩序的根本性变化,儒家必须对这些问题有所回应,从而发掘儒家独特的建构现代文明的精神资源,所以他对儒家的精神做了有别于前人的阐发。他说:

> 孔子之道,其本在仁,其理在公,其法在平,其制在

---

① 梁启超说:"有为早年,酷好《周礼》,尝贯穴之著《政学通议》,后见廖平所著书,乃尽弃旧说。"见氏著《清代学术概论》,198—199页。北京:中国人民大学出版社,2004年。

文,其体在各明名分,其用在与时进化。夫主乎太平,则人人有自立之权;主乎文明,则事事去野蛮之陋;主乎公,则人人有大同之乐;主乎仁,则物物有得所之安;主乎各明权限,则人人不相侵;主乎与时进化,则变通尽利。故其科指所明,在张三世。其三世所立,身行乎据乱,故条理较多;而心写乎太平,乃意思所注。虽权实异法,实因时推迁,故曰孔子圣之时者也。若其广张万法,不持乎一德,不限乎一国,不成乎一世,盖浃乎天人矣!①

在这段概括中,康有为强调了儒家的普遍主义面向,所以"其理在公"。在这样的公理世界观中,他试图调和平等和名分之间的冲突,并以公羊三世吸纳进化思想,以突出改制变法的必要性和合理性。虽然在不同的时期,康有为对于儒家精神有过不同的表达,但其核心则不外乎此,而这也是康重建儒家经典系统和解释系统的价值依据。

(一) 确立以《春秋》为核心的儒家经典系统

既然改制已然是最为迫切的任务,所以康有为重新梳理的经典系统必然以公羊学为核心,他在《春秋董氏学自序》

---

① 康有为:《春秋笔削大义微言考》,载《康有为全集》,第六集,3页。北京:中国人民大学出版社,2007年。

中,勾勒了"六经→春秋→公羊传"这样一个发现孔子之道的路径。他说:"道、教何从?从圣人。圣人何从?从孔子。孔子之道何在?在'六经'。"那么"六经"之关键何在呢?康有为认为,六经并立于学官,但是孟子在传述尧舜禹汤文王到孔子这些圣人的事迹的时候,从来不提别的经典,唯独尊崇《春秋》,那么在《春秋》三传中,又以公羊氏为贵。"孟子发《春秋》之学曰:其事则齐桓、晋文,其文则史,其义则丘取之矣。《左传》详文与事,是史也,于孔子之道无与焉。惟《公羊》独详《春秋》之义。孟子述《春秋》之学,曰:《春秋》天子之事也。《穀梁传》不明《春秋》王义,传孔子之道而不光焉。惟《公羊》详素王改制之义,故《春秋》之传在《公羊》也。"①

由于要突出孔子作为改制之新王的地位,所以,其他的儒家经典则被视为是不同的"世"的治理之道,唯有《春秋》则是贯通道之全部的。在《论语注》中,他说,《尚书》是为太平世而作,《诗经》则是针对升平世,而《礼》因为讲究上下尊卑,陈述的是小康世的法则。②

---

① 康有为:《春秋董氏学》,载《康有为全集》,第二集,307 页。丁亚杰说:康有为首倡孔子之学的核心在改制,所以《春秋》的精神必集中于公羊。由此,康有为的经学路径必是由《春秋繁露》到《公羊传》再到《春秋》。见氏著《清末民初公羊学研究—皮锡瑞、廖平、康有为》,214 页。台北:万卷楼图书有限公司,2002 年。

② "孔子仰推天命,俯察时变,却观未来,豫测无穷,故作拨乱之法,载之《春秋》,删《书》,则民主首尧、舜,以明太平;删《诗》,则君主首文王,以明升平。《礼》以明小康,《乐》以著大同,系《易》则极阴阳变化,幽明死生,神魂之道。作《春秋》以明三统三世,拨乱、升平、太平之法。"康有为:《论语注》,载《康有为全集》,第六集,425 页。

孔子以《春秋》三世为原则,根据不同的时代创立了不同的教化系统,但是因为秦汉的统治者,以老子和韩非所传的刑名法术来统治,因此,儒家的平等观念难见天日。特别是刘歆伪造《左传》,公羊、穀梁的学说无人传之。"汉世家行孔学,君臣士庶,劬躬从化,《春秋》之义,深入人心。拨乱之道既昌,若推行至于隋、唐,应进化至升平之世。至今千载,中国可先大地而太平矣。不幸当秦、汉时,外则老子、韩非所传刑名法术、君尊臣卑之说,既大行于历朝,民贼得隐操其术以愚制吾民;内则新莽之时刘歆创造伪经,改《国语》为《左传》,以大攻《公》、《穀》,贾逵、郑玄赞之。自晋之后,伪古学大行,《公》、《穀》不得立学官,而大义乖;董、何无人传师说,而微言绝。甚且束阁三传,而抱究鲁史为遗经;废置于学,而嗤点《春秋》为'断烂朝报'。此又变中之变,而《春秋》扫地绝矣!"①由此,"于是三世之说不诵于人间,太平之种永绝于中国;公理不明,仁术不昌,文明不进。昧昧二千年,瞀焉惟笃守据乱世之法以治天下。"②

为了阐发改制的思想,在徐勤、梁启超等人的支持下,他编写了《新学伪经考》一书,指出,经学原本并无古今之分,所有古文经都是刘歆伪造,孔子时书写所用的文字,已经是篆书,并无另一种字体的经典。秦朝焚书的时候,六经并没

---

① 康有为:《春秋笔削大义微言考》,载《康有为全集》,第六集,4页。中国人民大学出版社,2007年。
② 同上。

有被毁。刘歆伪造经典的理由是为了帮助王莽篡夺汉家天下,并利用自己校中秘书的职位,掩盖自己的作伪手法。

与朱熹等人强调经典中的某些篇章来确立自己的价值基础的做法不同,康有为是通过否定古文经、强化《春秋》的至高地位来重整儒家的经典系统,无疑为当时已经普遍存在的怀疑经典的风气做了助力,不但是章太炎这样的古文经阵营的人奋力反击,而且儒学阵营中人也均表达了不小的忧虑。因为这种用力过猛的手法,在彰显《春秋》改制的精神以适应时代需要的同时,也会造成人们对于儒家经典整体的否定。

康有为以三世说的框架来说明不同时期儒学的不同的使命,首先就要说明孔子循时立法的合理性,孔子身处据乱世,所以其立说多从据乱世的现实出发,而不能"跨越"。其次,他在《论语注》中,因为编纂《论语》主要是曾子一系的弟子,因为曾子守约拘束,所以孔子之大道并没有得到真正的传达。"夫以孔子之道之大,孔门高弟之学术之深博如此,曾门弟子之宗旨学识狭隘如彼,而乃操采择辑纂之权,是犹使僬侥量龙伯之体,令鄙人数朝庙之器也。其必谬陋粗略,不得其精尽,而遗其千万,不待言矣。假颜子、子贡、子木、子张、子思辑之,吾知其博大精深,必不止是也。又,假仲弓、子游、子夏辑之,吾知其微言大义之亦不止此也。……若性与天道,非常异义,则非其人不语,故其难传,则诸教一也。曾学既为当时大宗,《论语》只为曾门后学辑纂,但传守约之绪言,少掩圣仁之大道,而孔教未宏矣。故夫《论语》之学,实曾学也,不足以尽孔子之学也。"①

由此,《论语》也不能被看做是传达孔子之道的最合适的文本。康有为在马来西亚槟榔屿和印度大吉岭流亡期间,对《论语》、《孟子》、《大学》、《中庸》进行了系统的解释,因为在他看来,长期作为科举解释定本的朱熹解释,没有阐发儒家救世的仁道精神。"朱子生于大统绝学之后,揭鼓扬旗而发明之,多言义而寡言仁,知省身寡过而少救民患,蔽于据乱之说而不知太平大同之义,杂以佛老",②朱子的政治教化思想,相当于东周蜀汉之偏安,而难以得孔子之教之真义。经过康有为的解释,儒家四书的核心诉求发生了巨大的转变。康有为认为,《中庸》是子思传孔子微言,着重于"三重之道"。他将《中庸》中的"王天下有三重焉",解释为三世三统之说,并说,"孔子之法,务在因时",如果教化未至而行太平之法,必生大害。但目前已至升平之世,依然固守据乱之法,亦生大害。③

---

① 康有为:《论语注》序,载《康有为全集》,第六集,377页。在后文解释"曾子有疾"章时,康有为进一步说曾子刻苦自励,但境界有限,且并没有跟随孔子周游六国,所以"不得闻配神明、育万物,六通四辟之道,性天阴阳之理,三世大同之法⋯但知《孝经》守身,仅闻孔子万法之一端而已。"(《康有为全集》,第六集,437页)。而后世儒者以为子思学于曾子,所以曾子成为思孟之源头,并被朱熹列入四书,这样孔子之大道反而隐而不彰。

② 康有为:《孔子改制考》,载《康有为全集》,第三集,3页。
③ 康有为:《中庸注》,载《康有为全集》,第五集,387页。

在《孟子微》中,康有为认为孟子的民贵君轻思想在孔子之道中属于升平世之原则,虽没有传孔子的大同之道,但可以由孟子得孔子之道的门径。① 在这四书之外,他尤其重视《礼记·礼运》。② 在康有为看来,《礼运》所阐发的"人人皆公、人人皆平"的大同理想为孔子所寄托,所以孔子"三世之变,大道之真",尽在此书中。他指出:"吾中国二千年来,凡汉、唐、宋、明,不别其治乱兴衰,总总皆小康之世也。凡中国二千年儒先所言,自荀卿、刘歆、朱子之说,所言不别其真伪、精粗、美恶,总总皆小康之道也。其故则以群经诸传所发明,皆三代之道,亦不离乎小康故也。夫孔子哀生民之艰,拯斯人之溺,深心厚望,私欲高怀,其注于大同也至矣。但以生当乱世,道难躐等,虽默想太平,世犹未升,乱犹未拨,不能不盈科乃进,循序而行。"③ 这段话最为震撼的并非是将朱熹和

---

① 康有为:《孟子微序》,载《康有为全集》,第五集,412页。
② 在《不忍》杂志刊登的关于《礼运注》的广告中,有一段文字很耐人寻味,广告说《礼运·大同》篇的论说和《公羊》三世的说法,可以互相印证,"若《公羊》三世之义,董仲舒、何休传其口说,然仍少明文,遍考遗经,大书特书,发明大同至道这,惟《礼运》一篇。若此篇不存,孔道仅有小康,则君臣之义被攻,而孔教几倒,中国礼文皆与孔为缘随之同尽,是中国为墨西哥矣。即废丁祭收祭田,亦可畏矣。今幸《礼运》犹在,大同发见,实希世之鸿宝,中国之绝学,独一无二之秘传,即其言据乱之礼,亦多大义微言,为群经所不及。前儒蔽于乱世小康之义,疑莫能通,久翳云雾,郁而不发者二千余年。南海先生生当地球大通,冠岁而悟大同之理,求之孔子之道,得《礼运》之篇,乃大发明之。自有此注而孔子之道乃显,大教不坠。近人疑孔子为专制,辩护者亦可闭喙矣。"汤志钧编:《康有为政论集》,上,194页。北京:中华书局,1998年。
③ 康有为:《礼运注》,载《康有为全集》,第五集,553页。

荀子、刘歆并列,而是将传统儒家的理想社会的典范三代之道,亦归入"小康",未入大同,由此可见,当三世说和进化论结合之后,儒家的理想状态不再在过去,而在未来。

总而言之,康有为所确立的新的经典系统以《春秋》公羊为本,以"四书"加"礼运"为辅翼,将三世说和进化论相结合,以大同之公理来转化宋儒之"天理",如此,孔子之道才可以在现代保持不坠。下面这段话几乎可以看作是康有为经学体系的自述:

> 方今世变弥大,然孔子之道,圆周溥博,四通六辟,无所不在。其最要之旨,在《礼记·礼运》之言小康、大同,在《春秋》言三世之据乱、升平、太平。夫《春秋》之义不在《左传》,而在《公羊》口说之董氏、何氏。若不知古文《左传》之伪,则不知今文《公羊》之真,则孔子之大道终无由明。但据诸经据乱之说,狭小孔子范围,则对于欧米民主之政,国际之学,及一切新说,皆不能范围,则孔子之道,岂不穷而将弊乎?……《伪经考》所以辨伪孔经之非而存其真,《论语注》所以考今文之说而存七十子之学,《春秋笔削大义微言考》则稍备孔子三世之学,庶几孔子之道不坠。①

---

① 康有为:《答李参奉书》,载《康有为全集》,第十一集,244页。

(二) 公羊口说与儒家大道

康有为以孔子为制法之王,并以《春秋》为改制之宪法,然《春秋》之文何以成为当今变法之原则呢?这就要从公羊之义例入手,强调《春秋》并非是记事之书,而是要从中发现其中所"指",以及微言大义之所在。按现代的话语来说,《春秋》所提供的并非是现成之法则和方略,而是制定这些方略的原则和方法。康有为说,六经各有所守,然要了解孔子之道,则莫如《春秋》,因为孔子为万世制法之精义,全存于《春秋》,而《春秋》之精义,并不在其事与其文,而在于其"义",如果将《春秋》视为记事之书,那么"与孔子作经制义渺不相关矣。故学《春秋》者,第一当知《春秋》之大义传在口说,而不传在文字"①。

不仅是《春秋》,康有为在《新学伪经考》中说六经的传授都是文字和口说并行的,因为当时写书甚难。不过口说就会出现异议,《春秋》之所以会出现公羊和穀梁二传,《诗经》有三家,都是源于口传之异。"考'六经'之传,有书本,有口说。博士所职,孔庙藏书,是传本也。然吴祐写书,汗青盈车,其子辄以薏苡之谤为谏,则当时写本甚难,颇赖口说。伏生于《尚书》是其专门,即有百篇,皆所熟诵。当时《春秋》赖

---

① 康有为:《春秋笔削大义微言考》,载《康有为全集》,第六集,5页。

口说流传,《诗》则以其讽诵,皆至公羊寿、申公、辕固生、韩婴乃著竹帛。以故《公》、《穀》二传,鲁、齐、韩三家《诗》,文字互异,良由口说之故。"①

口说当然会导致不同叙述者的传述差异,但康有为强调口说,更为关键的是他希望借助这种没有定本文字的原理,来为他借助经典而发挥今义提供可能。

康有为说,孔子之七十弟子皆口传孔子之大道,如果孔子所作升平、太平之义,也布之文字,则非常可怪,反而会淆乱据乱之法。"据乱、升平、太平三世之义,幸赖董、何传之,口说之未绝,今得一线之仅明者此乎?今治大地升平、太平之世,孔子之道犹能范围之。若无董、何口说之传,则布于诸经,率多据乱之义,孔子之道不能通于新世矣。今人闻升平、太平之义,犹尚惊怪,况在孔子之世?故必不能笔之于书,惟有传之于口。乃至公、穀先师写《传》,亦只能将其据乱大义写之,其升平、太平异义,实为非常可怪,不能写出也,亦只得口传弟子,故见于董、何极详,而《公》、《穀》反若无之。"②

所以,在康有为眼里的儒学发展史中,董仲舒和何休因为传承孔子之口说大义微言,其地位十分重要,他认为《春秋繁露》是了解孔子改制之钥匙。他在万木草堂给学生上课的

---

① 康有为:《新学伪经考》,载《康有为全集》,第一集,369页。
② 康有为:《春秋笔削大义微言考》,载《康有为全集》,第六集,7页。

时候，甚至认为董仲舒要比孟子和荀子更为重要。"《繁露》传先师口说，尊于荀、孟。"①在《春秋董氏学》中，康亦认为公羊家的许多非常异议可怪之论，经由《春秋繁露》，涣然冰释。"然大贤如孟、荀，为孔门龙象，求得孔子立制之本，如《繁露》之微言奥义不可得焉。董生道不高于孟、荀，何以得此？然则是皆孔子口说之所传，而非董子之为之也。……若微董生，安从复窥孔子之大道哉！"②也就是说，董仲舒的重要性并不在于其自身的理论创发，而在于他通过《春秋繁露》传达了孔子制法之要道。

不过，因为口说无明文，所以随着刘歆作伪，逐渐埋没，以致"后人皆不知教主改制、据乱、升平、太平之义。中国轻视董、何之说，不知为孔子微言，甚且怪之，无人传习。于是中国之治教遂以据乱终。绝流断港，无由入于升平、太平之域，则不明董、何为孔子口说之故也。"而后世包括宋明儒者，因为将孔子偏重据乱世之法这样的权宜之计视为其思想之全部，所以轻视董仲舒和何休的口说，所以他告诫说："学《春秋》者，尤当知董子《繁露》、何休注多为孔子口说，七十子后学辗转传之，虽有微误，而宗庙百官之美富，可见大端。当一一理会尊重发明之。"③

---

① 康有为：《万木草堂口说》，载《康有为全集》，第二集，187页。
② 康有为：《春秋董氏学》，载《康有为全集》，第二集，307页。
③ 康有为：《春秋笔削大义微言考》，载《康有为全集》，第六集，6—7页。

如此,我们可以了解康有为对自己的定位,他认为自己的使命即是在这个特殊的时间,即由据乱世向升平世转折之际,将会被后世儒者从对据乱之法的固执中解放出来。既然孔子乃因时立法,据乱世是君主专制,而升平之世就要立宪法而达成君民共治。因此,康有为认为自己就是这个时代的孔子口说的传达者。即使人们对他的说法觉得非常异议可怪,这也无妨,他就是要为这个时代立法。

康有为自幼即有学做圣人之举,这种类似癫狂的做法,其实早在长兴里和万木草堂讲学之际就有,他的学生记录他的讲课笔记,就称为"万木草堂口说",而他不但要为升平世改制立法,而且也要为未来的太平世勾勒出《大同书》这样的愿景。从他对《大同书》秘不示人的做法,可见他是自觉以立法者的身份自居的。

根据公羊家言,孔子通过对于春秋史实的褒贬来传达"王心",这也就是所谓的托古改制。孔子之所托即是文王。康有为解读《论语》中"文王既没,文不在兹?"时,就认定这句话所传达的是孔子以文王自许。"人只知孔子为素王,不知孔子为文王也。或文或质,孔子兼之。王者,天下归往之谓,圣人天下所归往,非王而何?犹佛称为法王云尔。"①为何要托文王之"古"呢?一是文王作为受命之王,是天之所命,其所制之法乃是天意的体现。二是可以避祸,因为布衣改制,事大骇

---

① 康有为:《孔子改制考》,载《康有为全集》,第三集,105页。

人。康有为在戊戌前大倡"托古改制"之论,何尝不是借孔子之名,而为当今中国甚至未来的世界创制立法呢?① 只是那些曾经让梁启超、徐勤等人受到海潮音般震动的"口说",②在科学主义的今天的确变成了异议可怪、不可理解的言说。

康有为的经学观点强化了经学与现代学科之间的差异性,而他对古文经的怀疑则成为钱玄同、顾颉刚等疑古派的思想前导之一。在现代公共教育体系中对经学的废止和疑古派用"科学"方法对古史传统的解构,儒家的传播体系和神圣性均被毁弃,康有为亦可以被看作是经学的埋葬者。

二、立国之道:作为政治改革家的康有为

远在甲午战败之前,从诸如《万国公报》等书籍中,康有

---

① 对于康有为以俨然以王者自居,并以专重公羊而割裂经文的副作用,朱一新有深刻的剖析。他说:孔子"岂敢缘隙奋笔,俨以王者自居?《春秋》即为圣人制作之书,度亦不过一二微文以见意,岂有昌言于众以自取大戾者?"见朱一新:《无邪堂答问》,27页。北京:中华书局,2000年。本文侧重讨论康有为的新经学体系,对其强就己意的解经路数并由此而对现代儒学的功过当另文讨论。

② 陈千秋和梁启超均曾回忆自己最初从学康有为所获得的震动,陈千秋在听完康有为托古改制和生死之理的说法之后,"超然蹈道自在矣。"并引梁启超,当时少年科第的梁启超沾沾自喜地去听康有为教诲的时候,"先生乃以大海潮音,作狮子吼。……一旦尽失其故垒,惘惘然不知所从事,且惊且喜,且怨且艾,且疑且惧",通夜不寐。如此这般的魅力式影响,乃是康有为成为影响时代的人物的重要因素之一。见吴天任:《康有为先生年谱》,上,61—62页。台北:台湾艺文印书馆,1994年。

为就对国际格局有了超越同时代人的了解,他不再用原先的夷夏关系来理解中外关系的新格局,而是意识到他所身处的世界已是前朝所没有的,所以要采用新的治理之法。在1888年的《上清帝第一书》中,他说:

> 今之时局,前朝所有也,则宜仍之,若知为前朝所无有,则宜易新法以治之。夫治平世,与治敌国并立之世固异矣。①

1895年,在甲午战败之后,康有为在《上清帝第四书》中说,现在中国所面临的是数千年未有之大变局,以前外敌入侵,只是强兵相凌,而现在的泰西诸国除了坚船利炮,还有文学治法这样的"智学"上的优势,②如此保全中国不仅是领土和主权的问题,还有种族和教化的全方位的危机。这也就是康有为之所以强调保国、保种、保教的整体性策略的原因。

促进当时国家意识勃兴的还有严复和梁启超,严复通过翻译《天演论》、《社会通诠》等著作,使国人认识到中国依然处于宗法社会,而西方国家已是军国民社会,这是发展阶段的差异,这样的差异按照"物竞天择、适者生存"的进化原

---

① 康有为:《上清帝第一书》,载孔祥吉编:《康有为变法奏章辑考》,8页。北京:北京图书馆出版社,2008年。
② 同上,74—75页。

理,宗法社会必然会在竞争中失败。而梁启超则综合了康有为和严复的观念,提出当今世界的竞争,既是国家之间的竞争,也是国民之间的竞争,要在竞争中获胜,一是以国家意识取代原有的天下观念,二是提升国民道德和知识水准,以应对新的世界。①

在国家存亡危机面前,如何建立一个有竞争力的国家,见解各异。如果说戊戌变法时期,人们依然希望通过自上而下的变法以改变中国的积弱面貌的话,那么在1900年之后,越来越多的人则倾向于主张以排满革命的方式来改变现状。就此形成了改良和革命之争。在以往的以革命史为基调的叙事体系中,康有为所代表的改良派的建国方案被认为是保守和落后的,其"君主立宪"或"虚君共和"主张的内在逻辑则不受重视。如果我们从更为宏阔的视野来重思康有为之主张的话,可以发现,康有为的现代国家方略中有许多值得深思的地方,而其中以国族主义反对民族主义的思路、如何处理中央集权和地方治理的关系,以及如何协调本土制度资源和移植西方制度等,对当下如何治理一个多民族国家在今

---

① 具体可见梁启超的《新民说》等作品。对于王朝国家和民族国家之间的转变,最近葛兆光先生的观点引起人们的注意,他认为从宋代开始形成以汉族为主体的领土和国家意识,使得人们形成了一个认同的基础,而人们所习惯的天下秩序和朝贡体制也并非完全没有国家意识。"把传统帝国与现代国家区分为两个时代的理论,并不符合中国历史,也不符合中国的国家意识观念和国家生成史。"在中国是国家中保存了帝国的想象,帝国中有国家的观念。见氏著《宅兹中国——重建有关"中国"的历史论述》,28—29页。北京:中华书局,2011年。

第六章　何以康有为当得起一个分期的界标　133

天越发显示出其远见卓识。

这里我们分四个方面来扼要说明康有为的思路。

首先,如何继承清王朝的遗产,建立新的国家。

的确,现代的民族国家与传统的王朝国家之间存在着国家合法性和治理秩序之间的巨大差异。在政治合法性层面,康有为的思路有二重,一是通过三世说来化解君主立宪和民主共和之间的紧张。康有为认为中国处于据乱向升平的发展阶段,立宪而君民共治是最合适的政体,人民自治的共和政体则是未来的政体目标。他说:

> 孔子之为《春秋》也,陈三世之法,始于据乱,中于升平,而终于太平。据乱之世,君主专制;升平之世,立宪法而君民同治焉;太平之世,去君主,人民自治而行共和焉。故《诗》与《春秋》皆始文王,由据乱而进为升平之立宪君主也。《春秋》之终,《书》之始,皆称尧、舜,由升平之立宪民主进而为太平也。至作《易》曰:见群龙无首,吉。①

二是用平等和民主来解释"仁",从而将天道合法性和民意合法性进行综合。但是,在民主成为"主义"和"信仰"

---

① 康有为:《共和建设讨论会杂志发刊词》,载《康有为全集》,第九集,288页。

的时代,这样的努力也并不能得到真正的认可。刘小枫认为康有为没有意识到以"民主"作为国家合法性对帝国合法性的摧毁,所谓康有为的微言大义和公羊三世说,无论加入了多少西方政治观念的因素,依然难以成为民族国家合法性的依据,因而注定失败。"传统的德制礼教仁政理念与现代民族国家的正当性理念难以兼融。维新派的困难不仅在于,从政制层面既保有满清异族统治的合法性,又建构现代型民族国家的政制架构,而且在于,从理念层面既保有民族性的礼教法理念,又采纳现代的自然权利理念。维新思想实际死于内心的精神分裂。"①或许我们可以认可维新派的焦虑,但问题不在于维新派的精神分裂,而是将民主政治和道德价值分离的现代政治迷思导致了人们不能理解康有为乃至儒家的伦理本位的政治观念。

其实,真正的矛盾在于西方的民族国家体制所产生的内外分裂,即对内文明和对外野蛮的悖论。对于这种悖论的深刻认知是康有为国家建构中的重要视野。在康有为看来,在万国竞逐中处于弱势的国家,其国家能力的增强则是一个首要的目标。与西方现代民族国家是从帝国体系中分离和建构起来一样,新的中国也必然是从清王朝的基础上发展而成的。对此当时的革命派所主张的种族性的民族主

---

① 刘小枫:《现代性社会理论绪论》,98 页。上海:上海三联书店,1998 年。

义就是要建立一个汉族的国家,这样的理论在实践中的巨大号召力,与在实践中可能导致国家的分裂后果形成了反差。①

对此,康有为认为现代中国的建立应该以清王朝的疆土和人口为基础,而不是任由其他民族分离出去。通过对公羊学夷夏观念的重新解释,试图以多民族融合的历史来建构新的国族主义。康有为认为历史上夷夏之别是一种文化和历史上的区分,而不是人种上的区分。他说:"夫夷夏之别,出于春秋。然孔子《春秋》之义,中国而为夷狄则夷之,夷而有礼义则中国之。……然则孔子之所谓中国、夷狄之别,犹今所谓文明、野蛮耳。故中国、夷狄无常辞,从变而移。当其有德,则夷狄谓之中国;当其无道,则中国亦谓之夷。狄将为进化计,非为人种计也。"②满族人在人主中原之后,接受了儒家教化,所以,事实上已进于中国。

---

① 从晚清的变法到1920年代开始的国民党和共产党之间的党争,实质上是国家正当性建构的变迁。这样的变迁呈现出一个根本性的矛盾,即推翻清朝政权和延续华夏历史合法性之间的矛盾。因为"满清作为异族统治承继了作为朝代国家的中华帝国中正当性理念传统,这给中华帝国转变为民族国家设置了内在障碍:一方面,推翻异族统治是民族国家建构的政治前提,另一方面,中国的民族国家的正当性理念本寓于'华夏'的文教礼制理念之中,而满清统治并没有完全离弃这一理念,推翻满清帝国的同时维持华夏民族共同体理念的传统正当性就显得相当尴尬。见刘小枫:《现代性社会理论绪论》,96页。上海:上海三联书店,1998年。

② 康有为:《答南北美洲诸华商论中国只可行立宪不能行革命书》,载《康有为全集》,第六集,327页。

康有为之所以认为满族人应该成为所要建构的民族国家的一个组成部分,还在于他对于当时中国所处的国际格局的理解。他认为当时中国的主要矛盾是民族帝国主义,即西方国家对于中国的侵略和瓜分,因此,唯有把中国土地上的各民族人民团结起来,才有力量抵抗外敌。"夫今日中国积弱,众强环视,苟汉之与满,割而为台湾,亡而为印度、波兰,则必不得政权平等自由之利,是则可忧也。然既非其比矣,则国人今日之所当忧者,不在内讧,而在抗外也。欲抗外而自保,则必当举国人之全力,聚精会神而注于是,或可免也。"①在康有为看来,国内不同民族之间兄弟相争,正可以为列强提供瓜分中国之机会,而陷入"永为奴隶,永无自立"的境地。

康有为认为,保住现有的疆域和人民是国家强大的基础,他说,要接受满洲所开拓之疆土对于中国国家建立的意义。同时,国家之强大,必须"旁纳诸种"。"国朝之开满洲、回疆、蒙古、青海、藏卫万里之地,乃中国扩大之图,以逾唐、汉而轶宋、明,教化既益广被,种族更增雄厚。俄罗斯所以为大国者,岂不以旁纳诸种之故?然则满洲之合于汉者,乃大有益于中国者也"②。

其次,如何处理一统与分权的问题。

---

① 康有为:《答南北美洲诸华商论中国只可行立宪不能行革命书》,载《康有为全集》,第六集,329 页。
② 同上,328 页。

现代国家的合法性不再是以"天意"包裹的"起义—推翻"或者"外族入侵—推翻"的传统的改朝换代模式中。1911年中华民国的建立,代表政权转移的《清帝逊位诏书》中已经将民意的转变作为理据。在民国的重要缔造者孙中山的三民主义体系中,政权的合法性由民权、民族和民生这三个方面来共同承担。如果说民权体现了国家权力的来源的话,民族意味着历史的合法性,而民生则是绩效合法性。

对于具体的国家结构中,1911年前后人们一直在进行探索。革命派的总体倾向是议会制度加联邦制,而康有为基于多民族国家建构和西方殖民的压力提倡"一统与分权"的体系。大一统是春秋公羊的核心,在康有为的结构中被用来说明中央集权的必要性。

现代国家必须具备两方面的功能,即对内治理和对外竞争的双重任务。从对外竞争的角度,一个统一的国家更具有竞争力。从对内治理的角度,中国数千年一直存在的封建和郡县之争,就是理解一统和分权的关键,即传统中国采用的是中央集权和地方自治相结合的模式来治理这个超大规模国家的。因此,对于这样一个国家,要达成富强、民主的目标,就需要探索一种新的政治模式,而不能只是模仿。政治体制的检验标准,既要看自由、民权的发展程度,也要看能否使国家走向富强。"夫政法无常,有类医方,苟能起病延年,自为良方善药,岂必人参之为贵乎?苟未至大同之世,国竞未忘,则政权万不能散漫。……吾固首倡民权而专主立宪者,非主专制,所不待言。但具虚心以研天下之公理,鉴实趾以考得失之轨涂,则德、法两者相形,足以供我之借鉴。遂觉德为新式,颇适今世政治之宜;而英、美亦若瞠乎其后者,微独法也。……今中国人士甫知美之民主、法之革命自由、英之立宪民权,皆争慕之,以为立极之理。岂知事变日生,新理日出,旧历已过,又为新历时代耶!"① 熟悉康有为论说风格的人可以推知,他所做出的结论一般均以比较政治作为前提,而落脚点则存乎于中国政治变革的可能性。所以,他对于德国的推崇,很大程度上是根据中国所处的发展处境和中国的文化传统而做出的,并非单纯地比较德国和英美法政治体制的异同。在他看来,威廉皇帝所推行的是君主掌握行政权的君主立宪制度,并通过集中权力的方式,整合联邦,干预各邦的地方自治,这种由宪政返专制的"逆向操作",使德国成为欧洲的最强国。②

---

① 康有为:《德国游记》,载《康有为全集》,第七集,444 页。北京:中国人民大学出版社,2007 年。

② 由君主主导的立宪体系,梁启超曾经用"开明专制"来概括,并将之视为由专制转向立宪的过渡阶段。萧公权先生认为,这是康及其弟子的一种看法,"虽说有许多机构如委员会、议会、政党等分享权力,但权威仍集中于高层。这种安排有好处:有完好组织的近代专制政权可以试验各种目标,而不必付出不稳定的代价。"萧公权指出,这种主张,不一定能保证成功,而"康氏仰赖清帝以及士大夫官僚来医治他所诊断出的中国政治病,他必然要失望。他所争取到的一些人无能施展他的理想,而有权之人又拒绝接受。"(萧公权:《近代中国与新世界:康有为变法与大同思想研究》,201 页。南京:江苏人民出版社,1997 年)。在我看来,更为关键的新式知识分子的概念中,并不接受这种折中方案,而清朝皇帝也难以建立权威。所以革命便不可避免。

康有为给中国开出的方略则是"增疆析吏",即为防止地方势力的尾大不掉,主张拆分中国的地方区域,由元代开始的行省回复至宋代的府州制。他反对以各省独立为特征的地方自治,认为这是军阀割据的原因之一。他用三世说来说明一统和分权的辩证关系,"康有为曰,据乱专制之世,君权过尊,则官制多为奉君而设;平世则民能自治,君长皆以民而立,不设多官以事君,故为民事之官制优于为君事之官制。"康有为又曰,"野蛮之世,国治简略,故分职可少;文明之世,政治繁剧,故分职宜多,故多职优于少职。康有为又曰,据乱之世,道路难通,故不得不听外藩之分权;文明之世,道路通,机尤捷,故行中央之合权,故合权胜于分权。"①

康有为提出的"君主立宪"或"虚君共和"内含有解决国家一统的象征性的思路,在革命风潮之际,因保皇和复辟反致成为康有为的政治污点,并连同其国家治理模式的合理性也被淹没在历史的风尘中。不过,历史经常会出现"实与名不与"的悖论,许多在现实得以操作的策略却并无理论的合理性。如果我们思考1949年的民族区域自治制度,1978年之后的经济特区,以及"一国两制"处理香港、澳门、台湾问题的思路,借用传统的话语来说,就是寓"封建"于"郡县"之中。在大一统国家的前提下,允许多种政治模式的存在,充

---

① 康有为:《官制议》序,载《康有为全集》,第七集,231页。

分发挥地方的自主性。

再次,外来制度和本土资源。

康有为在戊戌变法前后,一度是民权自由的倡导者,不过康的民权和议会思想的主要目的是"上下通",即让最高统治者能够准确详细地了解民情,而不是西方现代政治意义上的民权和自由。民国之后,康有为发现民权和自由对传统的秩序造成了摧毁性的影响,因此,他反而后悔曾经提倡民权,转而强调"国权",在他于1913年拟定的《拟中华民国宪法草案》中甚至提出"主权在国"的思想。① 他坚信没有强大国家的前提性保障,民权和自由便无从谈起。②

康有为对当时政治人物盲目迷信"共和"的现象提出了批评,在写于1913年7月的《中国颠危误在全法欧美而尽弃国粹说》中尤其反对因共和政体而对中国传统的教化、风俗、法度、典章,不论是非尽行扫弃的做法。指出传统的典章制度乃国家之魂,如果脱离这些道德和风俗的基础,任何新的政治形态则难以收效。他尤其批评了照搬西方政治

---

① 康有为:《拟中华民国宪法草案》,载《康有为全集》,第十集,51页。

② 梁启超在《南海康先生传》中说:"中国倡民权者以先生为首,然其实施政策,则注重君权。以为中国积数千年之习惯,且民智未开,骤予于权,固自不易。况以君权积欠如许之势力,苟得贤君相,因而用之,风行雷厉,以治百事,必有事半而功倍者。故先生之议,谓当以君主之法,行民权之意。若夫民主制度,则期期以为不可,盖独有所见,非徒感今上之恩而已。"夏晓虹编:《追忆康有为》,31页。北京:中国广播电视出版社,1997年。

法律制度的做法,认为这些抄来的东西"无如皆为纸上之空文,而非政治之实事矣。"①康有为认为任何制度的引入,都必须与本土的资源相结合,所以不能照搬,而需有所损益。他所担心的是国人普遍以西方为准则的思想方法。正是在这样的非此即彼的方法下,国人舍弃自家之传统而以西方之是非为是非。"凡出欧美者,不问得失,虽臭腐亦神奇之;凡出于中国者,不问美恶,虽前圣亦攻弃之。此非只革清朝命也,实革中国五千年之命矣!彼岂有所知而损益哉,惟有心昏神下、奴媚之而已。吾久游欧美十余年,凡欧美之美善,有补于中国者,吾固最先提倡取法之。然吾之采法,集思广益,去短取长,以补中国而已,非举中国数千年文物典章而尽去之也。且师欧美乎,彼亦国国不同,将何师?且吾不有善于彼者乎?今乃不问是非,惟中国是弃,惟欧美是从。若此何难?"②

康有为所提出的是后发现代化国家在制度建构中的普遍难题,即制度移植所带来的制度失灵是一个世界性的难题。一些在西方行之有效的制度,如不加分辨地引入,自然

---

① 康有为:《中国颠危误在全法欧美而尽弃国粹说》,载《康有为全集》,第十集,131页。文中还说:"今吾国一知半解之士,于欧美之立国根本茫然也,乃大声疾呼曰:一切法欧美。又操觚执简,而为宪法律令,曰法欧美。抄某国之条文,则曰足为自由之保障矣。学某国之政俗,则日足致国民之治安矣。若是则数留学生稍抄写各国宪法、法令章程,而中国已治已安、已富已强矣"。前揭,130—131页。

② 康有为:《共和平议》,载《康有为全集》,第十一集,35页。

会造成橘生淮则成枳的困境。

后起的儒家中对这个问题有深入反省的是梁漱溟。他从1911年中华民国成立之后农村失败的惨痛教训中,开始了乡村建设的实践,并开始思考培育中国式政治习惯的问题。在梁漱溟看来,中国社会是一个伦理本位的社会,而不是阶级社会,其特征包括更重视义务,而非权力关系;在政治秩序中重视领导人和贤能之士的领导作用;比起法治,看重礼治和人治;相对于个人自由,更看重集体的理念。因此,培育新的政治习惯要与固有的政治伦理风俗建立有机联系,沟口雄三说,这种思路与毛泽东领导的土地改革和农村革命中反对宗法制度的思路很不一致,但在"建立新中国的局面下,却显现出犹如两根稻草被捻成一根绳子般的协调"。①

梁漱溟于1950—1951年之际总结了中共之三大贡献:一则统一建国、树立国权;二则引进团体生活;三则"透出了人心—即奋发向上的忘我精神。但在随后的思考中,虽然他认定中国社会如果没有西方资本主义和马克思主义的刺激,则不会走上新的转进之路,但他却认为资产阶级的政治和经济路径与俄国共产党开创的政治和经济之路都不适合中国,中国所能走的只能是建立在伦理本位和职业分途基础之上的中国式的"现代性模式"。在梁漱溟一生的著作中,"中国文化不仅是一种权威与合法的传统,也是一种习俗、信念与凝聚力的

---

① 沟口雄三:《中国的冲击》,186页。北京:三联书店,2011年。

传统,在现代工业与经济的发展上,应该用来维持变迁中的社会秩序,加速现代化的进程,直到客观的形势与发展允许新的变迁、新的秩序之出现为止。"①康有为和梁漱溟处于不同的政治形态时期,康有为面对的是清王朝的崩溃和中华民国的建立,而梁漱溟则主要是面对中华民国的失败和中华人民共和国的建立。事实上,梁漱溟对康有为有尖锐的批评,他们所要针对的制度对象也不同:康有为所要反思的主要是民主宪政制度,而梁漱溟则面对的是社会主义的中国。其间差异巨大。但是透过表面的不同,我们可以发现他们之间的共同点。他们都坚信中国文化是中国人建构制度的价值基础,同样也是反思不同类型的现代性方案,都坚信儒家可以为人类探索新的出路做出贡献。这就是现代儒学的共同的精神气质。

最后,国家意识的建立。

康有为的终身志业是"保全中国",这个"中国"是领土和主权意义上的完整性。

> 仆之素志,以为能保全中国者,无论何人何义,皆当倾身从之;苟不能保全中国者,无论何人何义,必不可从也。且夫中国者,兼满、汉、蒙、回、藏而言之;若舍满、蒙、回、藏乎,则非所以全中国也。此义乎,尤吾国人所

---

① 王远义:《儒学与马克思主义—析论梁漱溟的历史观》,载杨贞德编《当代儒学与西方文化》,160 页。台北:"中央研究院"文哲研究所,2004 年。

宜留意也。①

在这样的目标下,他反对盲目模仿美国的联邦制,甚至主张废省。在他看来联邦制甚至行省制,都不利于中国凝聚成一个统一的国家。

然而,康有为要保全的中国还有一个文化上的中国。这主要体现在他对于孔教的思考上。他认为一个国家要有一个灵魂,在中国"国魂"是由儒家为主干的风俗、道德和价值的整全的系统。所以"保教"甚至是"保国"的前提。面对基督教的挑战,面对制度化儒家的解体,如何使儒家的传播体系得以延续,如果解决国民信仰和个体信仰自由的矛盾,是康有为思考终生的问题。

三、人道教与孔教会:保教与立国

康有为的宗教观念有两个面向,②其一是从进化论的角度看待宗教信仰,其二是从建立国家信仰的角度来建构孔教

---

① 康有为:《与黎元洪、黄兴、汤化龙书》,载《康有为全集》,第九集,202—203页。
② 近年来康有为的孔教思想颇受关注,我自己主张从民国前和民国之后的两个阶段来看待康有为的孔教观,而唐文明教授则将康有为的孔教观分为四个阶段,第一阶段是1890年会晤廖平之前,第二阶段是戊戌变法前,第三阶段是1911年前,第四阶段是1911年之后的孔教运动。见唐文明:《敷教在宽:康有为孔教思想申论》,北京:中国人民大学出版社,2012年。

并在民国之后开展孔教运动。

康有为的历史观充分接受了进化论的观念,并认为人类的信仰活动是由神道教向人道教的方向发展。在流亡欧洲的时候,康有为开始反思中西文化中对于宗教的不同认识,并开始反驳只有神道才算宗教的说法,而是从功能上去理解"教"字,认为所有劝告人们为善去恶的理论均可以称之为"教",无论是以神道的方式还是以人伦的方式,抑或两者兼具,都是"教"。他说:

> 或有谓宗教必言神道,佛、耶、回皆言神,故得为宗教;孔子不言神道,不为宗教。此等论说尤奇愚。试问今人之识有"教"之一字者,从何来?秦、汉以前,经、传言教者,不可胜数。是岂亦佛、回、耶乎?信如斯说,佛、回、耶未入中国前,然则中国数千年为无教之国耶?岂徒自贬,亦自诬甚矣! 夫教之为道多矣,有以神道为教者,有以人道为教者,有合人、神为教者。要教之为义,皆在使人去恶而为善而已,但其用法不同。①

虽然,将中文中的"教"和以宗教来翻译 religion 之间的不协调性的讨论中,存在着概念偷换的问题,然而,孔教与别的宗教的差别却是康有为所始终坚持的。他认为,孔子教化

---

① 康有为:《意大利游记》,载《康有为全集》,第七集,374页。

是有异于其他以神道为信仰特征的人道宗教,这也是儒家所不同于别的宗教的特殊之处,而且儒家是高于其他诸教的更高阶段的宗教。"太古尚鬼,则神教为尊;文明重人,则人道为重。要神道人道,其为教人民则一也。孔子者,以人道为教,而亦兼存鬼神。譬如君主有立宪专制之异,神道之教主独尊,如专制之君主焉;人道之教主不尊,如立宪之君主焉。不能谓专制之君主为君主,立宪之君主为非君主,则不能谓言神道者为教,而言人道者非教矣。"①

康有为认为:从宗教的发展阶段上看,儒家要更"先进",而且从解决人的精神和社会的全体方面,孔教也要胜过基督教与佛教。② 由此,中国人之信仰孔教乃是符合理性主义的现代精神的。

其实,康有为早期的宗教观念,深受佛道教以及外来的基督教的影响,所以,他认为孔教之所以传之不远,是因为没有类似于其他宗教那样的传教士。他在解释《论语》中,"道不行,乘桴浮于海,从我者,其由与?"这句话的时候,就把他描述成要出海传教,有子路跟随,但因为没有出海的船只而

---

① 康有为:《中华救国论》,载《康有为全集》,第九集,326页。
② 萧公权说康有为是从皆途径将儒家转化为宗教,并强调儒家的优先性:"(1)应用儒家中可用的思想,并借用佛教和基督教中可借用者;(2)承认各教平等,但坚持儒教在学说上与实用上的优异性;(3)辩称由于在实质上的优异性,儒教在理论上适宜于全人类,是在目前情况下惟一适合中国的宗教。"见氏著《近代中国与新世界:康有为变法与大同思想研究》,154页。南京:江苏人民出版社,1997年。

作罢。"孔子抱拨乱反正之道,太平大同之理,三世三重之法,横览中国皆不能行,私居忧叹,欲出海外。是时,大瀛海之说已通,大九洲之地已著,孔子答曾子,发明地圆。故心思海外大地,必有人种至善,可行大同太平之理者,欲择勇者同开教异域。以子路勇而好仁,故许其同行,子路果喜。可见圣贤传教救人,不惮艰远之苦志矣。从行海外,凿空创开,事本艰难,故孔子极称其勇。而是时海道未大通,无船筏可出海,欲泛无舟,空深叹慕,此则圣人所无如何,故卒不果行。使当时孔子西浮印度、波斯以至罗马,东渡日本以开美洲,则大教四流,大同太平之道,当有一地早行之也。传教救人,宜出海外,后学当以孔子、子路为法,无惮艰远矣"。① 而对于孔子的身份的认知也有"大地教主"之说,这个说法出现在《孔子改制考》中。康有为认为"大地教主"是为整个宇宙创制立教的圣人,孔子之创教并非为一时一地。因为刘歆的篡伪,于是孔子由圣王被降为先师,孔子所撰作之经典削移至周公,由此"公羊之学废,改制之义湮,三世之说微,太平之治,大同之乐,暗而不明,郁而不发。我华我夏,杂以魏、晋、隋、唐佛老词章之学,乱以氐、羌、突厥、契丹、蒙古之风,非惟不识太平,并求汉人拨乱之义亦乖剌而不可得,而中国之民遂二千年被暴主、夷狄之酷政,耗矣哀哉!"②

---

① 康有为:《论语注》,载《康有为全集》,第六集,409页。
② 康有为:《孔子改制考》,载《康有为全集》,第三集,3页。

不过,康有为之孔教努力,最主要的面向并非建立一种普遍的价值,更多的是聚焦于保教建国。梁启超在给康有为所做的传记中说:"先生之言宗教也,主信仰自由,不专崇一家排斥外道,常持三圣一体、诸教平等之论。然以为生于中国,当先救中国;欲救中国,不可不因中国人之历史习惯而利导之。又以为中国人公德缺乏,团体散涣,将不可以立于大地;欲从而统一之,非择一举国人所同戴而诚服者,则不足以结合其感情,而光大其本性。于是乎以孔教复原为第一著手。"①这一点说明十分重要,康有为前期的核心关怀是救国,其变法改制,目的就是要让中国摆脱被瓜分和殖民的命运,而1911年中华民国成立之后,其关注点则转移到如何在新建立的共和国中建立起一种国民凝聚力。

他认为一个国家是否有"教"、是否存在"教主",是人种是否珍贵、国家是否文明的标志,要保持人民的自尊、国家的独立,一定要珍爱自己的教主、敬奉自己的国教。他说:

> 苟吾国人士稍能自念身为神明之胄,而不甘遂沦为野蛮禽兽也,其慎无盲从妄说而亦曰吾中国无教、无教主也。知吾国教最文明、最精深,然后吾种贵;知吾国产

---

① 梁启超:《南海康先生传》,载康有为《我史》,118页。中国人民大学出版社,2011年。

有教主,道最中庸、最博大、最进化、最宜于今世,可大行于欧美全地,莫不尊亲,然后吾种贵;知吾国有最盛美之教,有神明圣王之教主,我全国及各教宜尊奉之,庶将来使大地效之拜之,如欧人之尊敬耶稣然,然后吾种贵。能知吾种贵,然后不媚外为奴,不称人世纪,而卓然自立;知自立而后学盛道尊,而后种强民贵焉。①

康有为的孔教观念并不被他的所有弟子所认可,如梁启超等人一度亦认为保教无助于救国,并举例说有许多宗教国家也不免亡国灭种。而更多的人士则是从信仰自由的角度来反对定孔教为国教这样的设想的。对此,康有为指出国教并不意味着对别的信仰的排斥,而是在信仰自由的前提下,国民要建立起一种共同的价值观念,国教的作用更多是象征性的而非强制性的。

  盖他教虽各有神圣,而中国数千年民俗之宜、功德之盛,无有如孔子者,此为吾国国教也。民间乡曲,宜尽废淫祠而遍祀之,立诸生以同讲劝焉,一如欧美人之祠耶稣,立祭司、牧师也。大中小学校,宜设殿拜跪,祭祀,敬礼,诵经道。创立经学科,尤宜尊崇,其诸生藉以传

---

① 康有为:《英国监布烈住大学华文总教习斋路士会见记》,载《康有为全集》,第八集,36 页。

道。如欧人学校之必有礼拜耶稣之殿以诵经讲道,又必有神学之科焉。宜立儒教为国教,而其余听民之自由信仰,如欧人之以耶稣或天主为国教,而以其余听民之信奉自由也。①

1911年,中华民国成立,这意味着王朝天下向现代民族国家的转变。作为一个多民族构成的国家,康有为一直担心民族主义所带来的国家分裂。所以,在民国建立之后,他着力推进孔教会的建立,以此为组织来推进多民族融合成为一个国族,即中华民族。在他的学生陈焕章的支持下,康有为开始了立孔教为国教的立法活动,并进一步从观念层面讨论孔教与国家认同之间的关系,在为孔教会的成立写作的两个序言中,康有为强调孔教是中国之为中国的依据。在写作于1912年的《孔教会序一》中,康有为明确地说,国家的意识要立足于宗教之上,因为宗教的功能是政治活动所不能及的。他说:

> 夫国所与立,民生所依,必有大教为之桢干,化于民俗,入于人心,奉以行止,死生以之,民乃可治。此非政事所能也。……今中国人所自以为中国者,岂徒谓禹域

---

① 康有为:《英国监布烈住大学华文总教习斋路士会见记》,载《康有为全集》,第八集,36页。

之山川、羲轩之遗胄哉？岂非以中国有数千年之文明教化，有无量数之圣哲精英，融之化之，孕之育之，可歌可泣，可乐可观，此乃中国之魂，而令人缠绵爱慕于中国者哉？①

既然传统的中国认同主要基础是孔教，那么现代中国所要做的就是将孔教和中国融合为一。他说：

> 其有万里之广土，四万万之众民，以传至今日者，惟有吾中国耳。所以至此，皆赖孔教之大义结合之，用以深入于人心。故孔教与中国，结合二千年，人心风俗，浑合为一，如晶体然，故中国不泮然而瓦解也。若无孔教之大义，俗化之固结，各为他俗所变、他教所分，则中国亡之久矣。……故不立孔教为国教者，是自分亡其国也。盖各国皆有其历史风俗之特别，以为立国之本；故有孔教乃有中国，散孔教是无中国矣。②

康有为说，宗教本应着眼于全人类，而不能专为一国利益着想。但是在国与国之间激烈竞争的今天，宗教也要承担激发国民意识的重任。这是民族国家的兴起所造成的社会

---

① 康有为：《孔教会序》，载《康有为全集》，第九集，341页。
② 康有为：《拟中华民国宪法草案》，载《康有为全集》，第十集，82页。

现实的内在要求。如此,孔教也要以一种教会化的方式来建立组织形式,以便与西方的文化和宗教展开竞争。他说:

> 夫教为天下,不为一国而设。日本近者广厉儒学,崇祀孔子,况吾宗邦而自弃之。且吾国人本皆覆帱于孔教中,不待立会,犹吾国人人皆为中国民,不待注籍也。惟今列国交逼,必有国籍,诸教并立,亦有教籍,则孔教会之立,不可已也。①

康有为与陈焕章所推动的立孔教为国教的活动在两次制宪讨论中,均没有获得通过。而且他所着力解释的国教与信仰自由、孔教与神教之别亦没有被日趋激烈的知识人士所接受,反而因为袁世凯复辟和其他军阀在政治活动中反复利用孔子的符号,导致陈独秀等人认定孔子与现代民主和科学之间存在着根本的对立。陈独秀认定,如果信仰孔子,则必然会支持专制和皇权,并认为将孔教立为宗教则是与科学发展的大趋势背道而驰的,孔教活动反而导致了新文化运动将打到孔家店作为宣传民主和科学的手段。

正因为如此,康有为的孔教活动与他的"虚君共和"构想一样,被视为是落后于时代的标志。在科学主义的影响之下,人们纷纷设想出一些替代宗教的方案,比如蔡元培先生

---

① 康有为:《孔教会序》,载《康有为全集》,第九集,346页。

的"以美育代宗教"和梁漱溟先生的"以道德代宗教"。所以梁漱溟先生就尖锐地批判康有为、陈焕章等人推动的孔教运动,他说:"晚世所谓今文家者如康长素之流,其思想乃全在此。他所作的《大同书》替未来世界作种种打算,去想象一个美满的境界;他们一班人奉为至宝,艳称不已,我只觉其鄙而已矣!……其弟子陈焕章办孔教会,我们一看所谓孔教者,直使人莫名其妙。而尤使我心里难过的,则其所为建筑教堂募捐启;细细开列:捐 20 万的,怎样铸全身铜像;捐 10 万的,怎样铸半身铜像;捐 5 万的,怎样建碑;捐几千的怎样;捐几百的怎样,煞费计算之精心,引逗世人计量我出多少钱买多大大的名好呢?我看了只有呕吐,说不上话来。哀哉!人之不仁也。"①

梁漱溟的说法很可能是受到了马相伯等当时激烈反对孔教的宗教人士的影响。所有的宗教活动都将捐献作为信仰活动的一部分,但马相伯等人却批评孔教会的捐献活动是要将孔子变成财神爷。不过并非所有后来的新儒家都反对孔教会的构想,其中值得注意的是牟宗三先生的人文教设想。

牟宗三先生反对康有为的今文经学和大同思想,并将他的思想目为"怪诞",但是看上去最为怪诞的孔教会却被他

---

① 《梁漱溟全集》第一卷,463—464 页。济南:山东人民出版社,2005 年。

肯定。他说:"康有为的思想怪诞为经,大而无当。陈汉章(即陈焕章——引者注)于学术思想上亦无足称。他们不知孔教之所以为孔教之最内在的生命与智慧,只凭历史传统之悠久与化力之远被广大,以其定孔教为国教。一个国家是需要有一个共所信念之纲维以为立国之本。此意识,他们是有的。此亦可说是一个识大体的意识。"①

1954年,牟宗三先生开始了人文教②的设想,其主要内容包括:(1)人文教肯定一超越的实在,这个超越的实在不是基督教的上帝,而是天道。(2)人文教上达天德,下开地德,成就人文世界。(3)人文教祭天、祭祖、祭圣贤三祭并重。人文教的祭祖是将民族生命与宇宙生命合一,而祭圣贤,则表示民族生命与宇宙生命皆是一精神生命,此即上达天德之媒介。(4)以孔子为教主。牟先生言,人文教也就是孔教,孔教之名是从教主上讲的,而人文教之名则是就内容上说的。(5)有组织形式即教会。牟宗三的人文教的主要论说的对象是基督教,并从维持中华文化本位性的立场上看待人文教与孔教之间的内在一致性。当下蒋庆等人亦有立孔教为国教的设想,陈明则是从贝拉的公民宗教中得到启发,认为儒教的最佳形式是公民宗教。这些我们都可

---

① 牟宗三:《生命的学问》,109页。台北:三民书局,1997年。
② 关于牟宗三的人文教的相关讨论可参看颜炳罡:《人文教之证成及其意义——兼论牟宗三的儒教说》,载《烟台大学学报(哲学社会科学版)》,2005年第2期。本文对牟宗三先生人文教的描述亦采自该文。

以视为孔教会努力的遗响。或许我们可以思考的是,康有为立孔教为国教的失败是否意味着儒教宗教向度的失败。在当今中国民族分裂倾向日趋明显的情况下,建立一种国家信仰作为国家认同的凝聚力是否已经迫在眉睫?而在国家信仰的建构中,儒家的人文教化思想是否是最佳选择?除了有组织的宗教形式,儒家的制度化是否有其他的选项?这些都是康有为曾经面对的,而至今仍在等待儒家人士回应的问题。

四、《大同书》与儒学的未来向度

现代性问题之于儒家的挑战乃是根本性的:制度化儒家就此解体、儒家的伦理秩序和价值体系亦被认为要为中国的落后负责。总之,人们认识的世界有了新的图景,而国人必须在新的坐标系中继续寻找中国的位置。如此,儒家在历史发展中逐渐形成的普遍主义甚至难以为继。

汪晖认为,这是晚清儒学所面临的最大危机,他说:"晚清儒学面临的最大困境是:随着帝国成为世界资本主义的边缘区域,儒学'万世法'同时沦为一种不合时宜的'地方性知识'。儒学'万世法'建立在儒学礼仪与'中国'之间的内在的历史关系之上,一旦'中国'无法抽象为普遍的礼仪原则,一旦风俗、种族、地域等等超出'中国'的范围(即无法纳入'内部'),一旦'中国'的存在不再能够自我界定或必须有

'外部'来加以界定,这一'万世法'的普遍性和适用性必然面临危机。"①其实,这样的危机在利玛窦将新的世界地图带入中国、满族人入关并建立清朝的时候,已经露出端倪。按照公羊学"从变而移"的中国观,在16世纪之后,朝鲜王朝和日本国君认为他们才是"中国",而那个清帝国已经不能建立儒学礼仪与中国之间的实质性关系。只不过这样的挑战被清朝的武功所掩盖了。

而西方的挑战则不同,它带来的是经济、政治和军事甚至信仰的全方位挑战,所以康有为在保国之急务面前,始终没有放弃对于普遍主义问题的思考。而建基于公羊三世说和进化论基础之上的历史观,使康有为对于当下和未来的双重任务有了合理的安排。

1888年《上清帝第一书》中,康有为就开始使用不同的"世"应采取不同的治理方式的说法。他说:

> 今之时局,前朝所有也,则宜仍之,若知为前朝所无有,则宜易新法以治之。夫治平世,与治敌国并立之世固异矣。②

---

① 汪晖:《现代中国思想的兴起》上卷,第二部:帝国与国家,741页。北京:三联书店,2004年。
② 康有为:《上清帝第一书》,载孔祥吉《康有为变法奏章辑考》,8页。

虽然文中只是引用了孟子的平世与乱世之别,而不直接关涉"三世",但强调了不同"世"须应之以不同的治理秩序,是康有为提出他的变法思想的主要理论依据。

按照康有为自己的说法,1893年在参加癸巳科考的草稿中,他解读"如有王者必世而后仁"中阐述了春秋三世说:

《春秋》明王道,王道本于仁,故《春秋》之义,莫重于仁。而必张三世,何哉?盖《春秋》托始乱世,中进为升平世,而终为太平世,然后教化流行,德泽大洽,人人有士君子之行,故王者必世而后仁。①

将孔子之仁道贯通于三世说,亦是康有为之基本立场。1898年之后,康有为进入了漫长的流亡时期,在这个阶段,他不但完善了《大同书》,也利用他的三世说的历史观对"四书"和《礼运》进行了注释,一是要说明三世说乃是孔子思想之真精神,二是要说明中国在三世中的定位以确定当下的任务和未来的目标。他说:

> 读至《礼运》,乃浩然而叹曰:孔子三世之变、大道之真,在是矣。大同小康之道,发之明而别之精,古今进化之故,神圣悯世之深,在是矣。②

---

① 康有为:《如有王者必世而后仁》,载《康有为全集》,第二集,4页。
② 康有为:《礼运注》,载《康有为全集》,第五集,553页。

大同小康之义的阐发,其方法是通过不同世的政治特征来容纳新的政治因素,其终极目标是重建儒家的普遍主义面向。所以他甚至说,孔子作为圣之时者,主要传达的是据乱小康之道,而现今他则是要传达大同之旨。

他在《礼运注》中将"天下国家身"这样的问题,说成是"小道",因为他将人划定在不同的框架中。

> 天下国家身,此古昔之小道也。夫有国、有家、有己,则各有其界而自私之。其害公理而阻进化,甚矣。惟天为生人之本,人人皆天所生而直隶焉。凡隶天之下者皆公之,故不独不得立国界,以至强弱相争。并不得有家界,以至亲爱不广。且不得有身界,以至货力自为。故只有天下为公,一切皆本公理而已。①

大同之世,就是要破除国家和种族之间的界限。他在解释《论语》中"夷狄之有君,不如诸夏之亡也"这句话的时候,则强调春秋公羊从变而移的观念,"故夷狄而有德,则中国也;中国而不德,则夷狄也。并非如孙明复、胡安国之严华夷也。盖孔子之言夷狄、中国,即今野蛮、文明之谓。野蛮团体太散,当立君主专制以聚之,据乱世所宜有也;文明世人权昌明,同受治于公法之下,但有公议民主,而无君主。二者之

---

① 康有为:《礼运注》,载《康有为全集》,第五集,555页。

治,皆世界所不可少,互有得失。若乱世野蛮有君主之治法,不如平世文明无君主之治法。"①

康有为通过对"仁"的重新解释来作为儒家普遍主义立场的基础。虽然各个时代治法不同,但归结于仁。

> 孔子之道,兼备诸天;故曰:苟非聪明圣智、达天德者,其孰能知之也? 人道有正道,文明、平等、自立、仁心、公理,正道也,皆拨乱之法。但正道有三,有据乱之正,有升平之正,有太平之正,各视其时所当世而与之推迁。②

后世儒者不明孔子因时立法的特点,只是将其为小康世所说法作为依据,所以孔子之道渐衰。

> 太平之世,大小、远近若一。大同之治,不独亲其亲,子其子,老有所终,壮有所用,鳏寡孤独废疾者有养,则仁参天矣。后世不通孔子大道之原,自隘其道,自私为我,以遁为老学,而尚托于孔子之道,诬孔子哉! 孔子之道衰,自大义不明始也。③

---

① 康有为:《论语注》,载《康有为全集》,第六集,395 页。
② 康有为:《春秋笔削大义微言考》,载《康有为全集》,第六集,310 页。
③ 康有为:《春秋董氏学》,载《康有为全集》,第二集,389 页。

他在《孟子微》中,尤其看重的是孟子的民贵君轻思想,认为孟子立民主之制,太平法,并试图弥合公羊三世的三分法和孟子重的"乱世"、"平世"的两分法之间的不对应。他说:发挥说独立自由之风,平等自主之义,立宪民主之法,孔子怀之,待之平世。只是孔子不能为据乱世所发而已。

从上述康有为重新阐释"四书"和《礼运》的言论看,他的这次经典新诠和他的《大同书》的完善之间存在着时间上的重合和观念上的接近。康有为的普遍主义立场,至《大同书》而得到系统的展现。

在康有为的思想体系中,《大同书》是一部特别的书:这部书的写作时间很长。按照康有为的自传性作品《我史》的说法,光绪十一年(1885年)二月,他头痛发作,医生束手,他数月不出门,从容待死,"乃手定大同之制,名曰《人类公理》,以为吾既闻道,既定大同,可以死矣。"①如此这般朝闻道夕死可矣的自得之意,可见大同思想对于康有为的非常特别的意义。

但是《人类公理》应该是《大同书》的雏形,按梁启超在《清代学术概论》里的说法,康有为写完《大同书》后秘不示人,也不在教学过程中讲述大同原理。只有梁启超和陈千秋这些学生看过这部书,并开始在康门弟子中宣传,这样万木

---

① 康有为:《我史》,17 页。梁启超将这部书的影响称之为"火山大喷火也,其地震也。"见氏著《清代学术概论》,200 页。北京:中国人民大学出版社,2004 年。

草堂的弟子都开始谈论大同。但是,万木草堂期间,康门弟子所阅读的是否是《大同书》,大可怀疑。1913年之后连载的《大同书》中有大量的流亡期间的见闻记录,康有为曾标记说《大同书》撰写于1884年,但目前更多的人愿意相信《大同书》是一部逐步写成的著作,其基本定型大约是在1901—1902年之间,并不断有所增益。

康有为之所以不愿意将《大同书》示人,是因为以公羊三世加进化论而建构起坚固历史观的康有为坚信,历史的发展自有其规律,在不同的阶段其政治法律制度和价值观念各不相同,而大同作为对一个未来社会形态的描述,如果过早公布就会造成天下大乱。但康有为之所以还是要著成文字,是因为他作为一个改制者,他需要将关于现在和未来的圣人之制作传达出来,以作为人类发展的指向。

《大同书》的内容分为十部:甲、入世界,观众苦。乙、去国界,合大地。丙、去级界,平民族。丁、去种界,同人类。戊、去形界,保独立。己、去家界,为天民。庚、去产界,公生业。辛、去乱界,治太平。壬、去类界,爱众生。癸、去苦界,至极乐。梁启超把其中的内容概括如下:

一、无国家。全世界置一总政府,分若干区域。

二、总政府及区政府皆由民选。

三、无家族。男女同栖不得逾一年,届期须易人。

四、妇女有身者入胎教院,儿童出胎者入育婴院。

五、儿童按年入蒙养院,及各级学校。

六、成年后由政府指派分任农工等生产事业。

七、病则入养病院,老则入养老院。

八、胎教,育婴,蒙养,养病,养老诸院,为各区最高之设备,入者得最高之享乐。

九、成年男女,例须以若干年服役于此诸院,若今世之兵役然。

十、设公共宿舍公共食堂,有等差,各以其劳作所入自由享用。

十一、警惰为最严之刑罚。

十二、学术上有新发明者,及在胎教等五院有特别劳绩者,得殊奖。

十三、死则火葬,火葬场比邻为肥料工厂。①

由于两千年的儒家历史被康有为描述成为据乱世的"小康"立说,而《大同书》为太平世立制,所以其中多有与传统儒学之核心观念相抵触处。比如,宗族和家庭是儒家价值之最主要载体,但在《大同书》中,家的存在则是导致社会普遍存在的自私现象的总根源,因此,在这样的意识下,是不能养成"独人自立"之人格。"欲人性皆善,人格皆齐,人体得养,

---

① 梁启超:《清代学术概论》,202页。北京:中国人民大学出版社,2004年。

人格皆具,人体皆健,人质皆和平广大,风俗道化皆美,所谓太平也。然欲致其道,舍去家无由。故家者,据乱世、升平世必须之要,而太平世最妨害之物也。"①废除家庭之后,原先由家庭所承担的老吾老幼吾幼之事悉数由社会承担,甚至婚姻也是由分配而完成。因为个人的自由、平等、独立甚至个性的发展成为大同理想的基础,所以男女之别和种族差异而造成的不平等都是康有为所着力要批评的。

对于康有为倾毕生精力所关注的保国保教的事业,在大同的理想中,亦成为人类痛苦的重要缘由。任一国家的形成,都经历了无数的战争和兼并,"夫自有人民而成家族,积家族吞并而成部落,积部落吞并而成邦国,积邦国吞并而成一统大国。凡此吞小为大,皆由无量战争而来,涂炭无量人民而至,然后成今日大地之国势,此皆数千年来万国已然之事。"②由王者无外的天下秩序转变为国与国竞争的民族国家体系,是中国加入现代社会的一个必经阶段,即不得已的自保。康有为对国与国之间所存在的不平等的世界秩序有深入的反思,即去国界而救人民。"是故国者,在乱世为不得已而自保之术,在平世为最争杀大害之道也。而古今人恒言皆曰天下国家,若人道不可少者,此大谬也。今将欲救生民之惨祸,致太平之乐利,求大同之公益,其必先自破国界去国

---

① 康有为:《大同书》,载《康有为全集》,第七集,91页。
② 同上,118页。

义始矣,此仁人君子所当日夜焦心弊舌以图之者也,除破国界外,更无救民之义矣。"①

与当时也十分流行的无政府主义所不同的是,康有为认为需要一个公议政府的来处理各地方自治体之间的矛盾,而不需要"群龙无首"的无政府。张翔说:"全球'大一统'是康有为对'三世'之'太平世'的延展性诠释,他通过叙述这一理想,来回应西方列强在全球不断拓殖的'列国并争'的局面。这一中心主题与'三世说'无疑有着密切关联。全球'大一统'作为理想与诉求,与'列国并争'的政治现实之间存在紧张和冲突。"②或许康有为始终存有一个希望,即有一个机构来真正主持正义,而进化论的思想又促使他不接受多元主义的走向,而是期待一个风俗习惯、文字制度皆统一的全球未来,这抑或是理想主义的悖论。

康有为对于正在形成的资本主义生产方式表现出足够的批评性,他认为机器化的大生产必将带来更为激烈的贫富分化,最终的结果是"富主如国君,其百执事如士大夫,其作工如小民,不止贫富之不均远若天渊,更虑昔者争土地,论贵贱之号为国者,改而争作厂、商场以论贫富为国焉,则旧国土之争方息,而新国土之争又出也。"③他几乎天才地预见到资

---

① 康有为:《大同书》,载《康有为全集》,第七集,128页。
② 张翔:《康有为经学思想调整刍议》,载《中国哲学史》,2014年第2期。
③ 康有为:《大同书》,载《康有为全集》,第七集,154页。

本竞争将取代土地竞争，而人类将开始以金钱的多寡来决定其社会地位，而这些发展均是以牺牲普通人群的利益而达成的。在存在着禀赋性差异的人类社会，提倡自由竞争，则只宜于据乱世，并非是一种理想的社会秩序安排，所以，他认为要取消这种不平等，就必须去人之私产，以公有制来解决财富的聚集，由政府根据不同地方的生产资料状况来合理支配生产和消费。那么如何来避免人的自私心对于政府公心的干扰呢？在康有为看来，既然太平世不再有家庭、国家，又辅之以教化，自然会以公共利益为生活目标。

我们从中可能看到了计划经济或人民公社的影子，甚至倾向于去考察康有为是否受到了当时已经开始流行的马克思主义和社会主义的影响。不过于我而言，我所关注的是，康有为固然对西方的人权观念，以及自由竞争的社会经济结构有所肯定，但同样他在接受这样的现代性的洗礼的时候，时刻存有对现代性所可能带来的弊端的反思，这样使《大同书》与三世说展现出丰富的思想面貌，其熔铸各种思想的雄心，只有梁启超才能窥探。他说：

> 有为以《春秋》"三世"之义说《礼运》，谓"升平世"为"小康"，"太平世"为"大同"。《礼运》之言曰："大道之行也，天下为公，选贤与能，讲信修睦，故人不独亲其亲，不独子其子，使老有所归，壮有所用，幼有所长，鳏寡孤独废疾者皆有所养，男有分，女有归，货恶其弃于地

也,不必藏诸己;力恶其不出于身也,不必为己……是谓大同。"此一段者,以今语释之,则民治主义存焉,(天下……与能)国际联合主义存焉,(讲信修睦)儿童公育主义存焉,(故人不……其子)老病保险主义存焉,(使老有……有所养)共产主义存焉,(货恶……藏诸己)劳作神圣主义存焉。(力恶……为己)有为谓此为孔子之理想的社会制度,谓《春秋》所谓"太平世"者即此。①

与五四之后的文化虚无主义者不同的是,当时的许多思想家并没有被西方眼花缭乱的思潮所迷惑,而是具有强烈的反思精神。康有为的《大同书》对于理想社会的设计无不是建立在对中国古代和现代西方的社会制度和价值体系的批判性反思基础上的。作为他论敌的章太炎也是如此,对于进化论、对于代议制度、对于平等观念均有超越时代的精研罩思,所以说,要摆脱近百年来的思想贫乏和缺乏自主性创造力的困境,回到康有为、章太炎的思考中,是别无选择的路径。

康有为的《大同书》承继中国传统的大同观念,这种观念有其独特性,并成为中国接受社会主义思想重要的思想基础。对此,沟口雄三可谓慧眼。他将中国近代视为"大同式

---

① 梁启超:《清代学术概论》,201—202 页。北京:中国人民大学出版社,2004 年。

近代",并认为这是一种与西方不同的近代化的模式,体现了中国的独特性。"比起个人自由更志向于总体的自由,而这种排除个人自由即私人自利的、反专制性质的总体自由,由于其排除个人私利的独特的共和原理,从而是民权主义不只是停留在政治层面上,同时和经济上的总体的自由,即追求四亿人民总体的丰衣足食的民生主义联系在了一起,这是中国近代的一个重要特征。"①

沟口雄三同时认为毛泽东领导的革命是起源于传统的大同思想,"毛泽东革命以农村无产阶级为基础,实行农村包围城市的革命战略,并因此而更有资格成为大同式近代政统的继承人。"②

沟口雄三的说法并非无所依凭。许多材料证明,毛泽东在思想的形成期深受康有为、梁启超的影响。他自己还回忆说《新民丛报》的许多篇章他甚至能背诵。李锐在《毛泽东早年读书生活》一书中,对此也有所描述:

> 1917年8月23日,毛泽东致黎锦熙信中说:"孔子知此义,故立太平世为鹄,而不废据乱、升平二世。大同者,吾人之鹄也。"也是将《春秋公羊传》的"三世"之说结合《礼运》"大同"说来谈,跟康有为在《大同书》中的

---

① 沟口雄三:《作为方法的中国》,17页。北京:三联书店,2011年。
② 同上,19页。

说法相同。想来此时他已读过《大同书》了,当然只是已经发表的甲、乙两部。

《大同书》中对理想社会的政治、社会生活、工农业生产乃至家庭与婚姻等等,都有十分具体的描写。毛泽东对这些极感兴趣。从1919年12月《湖南教育月刊》上发表的他所作的《学生之工作》一文中,可以明显看出所受于《大同书》的影响。文中说:"我数年来梦想新社会生活,而没有办法。七年(1918)春季,想邀数朋友在省城(长沙)对岸岳麓山设工读同志会,从事半耕半读……今春回湘,再发生这种想象,乃有在岳麓山建设新村的计议,而先从办一实行社会说本位教育说的学校入手。此新村以新家庭新学校及旁的新社会连成一块为根本理想。"①

其实,康有为的"大同"思想对毛泽东的影响并没有随着时间的推移而减弱。1958年,他在成都的一次会议的讲话中说"家庭是在原始共产主义后期产生的,将来要消亡,有始有终。康有为在《大同书》中已认识到这一点。"②也有人说,毛泽东的农村社会主义改造其主张中有很多《大同书》的影子,

---

① 李锐:《毛泽东早年读书生活》,65—66页。沈阳:辽宁人民出版社,1992年。
② 魏斐德:《历史与意志:毛泽东思想的哲学透视》,95页。北京:中国人民大学出版社,2005年。

甚至到徐水参观的人手里还会带一本《大同书》。

现代的儒学运动始终有一种社会主义的指向,因为追求平等和正义是儒家始终如一的态度。梁漱溟和熊十力均对中国的社会主义体制有正面的肯定。熊十力说,康有为特重《礼运》与公羊三世的做法来自于宋儒胡文定,并贬斥康有为只是"揣摩风会,未堪言学术也。"但看他的言谈却是与康有为如出一辙。他在解释论语中"老者安之,少者怀之"时说:"明是社会主义,以养老、育幼有公共团体负责,与《礼运》不独亲亲子子适合。尧舜禹汤本为小康世之圣王,《礼运》称美之词恰如其分。……判大夫、谋革命,而孔子皆欲往,可见孔子已有实行民主、废弃统治阶层之志。"他说汉宋群儒均未发现孔子之"圣意","若识孔子志在进世太平,期全人类抵于群龙无首之盛,则尧舜禹汤只是小康时代之圣王,夫复何疑?"① 熊十力看重《周官》,解释"惟王建国",即是以王道仁政观念治理国家,并由此反对一切的剥削和不平等,以及帝国主义欺负弱小的霸权行为。这都是《大同书》精神的一脉传承。

作为熊十力的学生和精神的传承者,牟宗三对于康有为以来的大同设计中对于国家和家庭的否定十分警惕,认为文化的理想必须在现实中加以展开,这个现实就包括国家、家庭和个人。文化根植于人性之中,任何具有人性尊严的人,

---

① 熊十力:《论六经·中国历史讲话》,25 页。北京:中国人民大学出版社,2006 年。

必然会尊重国家和家庭,因此那种超越了具体国家和民族的"真理"是虚妄的。"我尊重我自己,我亦必尊重他人。我尊重我自己民族的圣哲及其所铸造之文化,我亦必尊重他民族的圣哲及其文化。真理之为普遍的,岂必即因而抹杀国家乎? 横逆之来而无动于衷,这种人根本无怵惕之感的良知之觉,根本是陷溺于个人的自私而无客观精神。无怵惕之感,无客观精神的人,根本说不上追求真理。"①

在此,牟宗三先生认为,只有儒家的理想社会是具体的和现实的,而非如佛教和基督教是外在于现实世界的,"天下一观念之有意义,完全在其对家庭国家之肯定而期有以融合之上而有意义。若谓天下离开家庭国家而可以自成一阶段,则它那个阶段便是空乏的,荒芜的。"②

牟宗三所设想的天下大同的制度是一个大一统的整体系统,与家国个人这样的纵贯系统不同的是,天下所要处理的是国与国之间的关系,因此其内在的精神要求不能是力量型的,而是理性的和精神的谐和。

天下"是国家间的一个综合,它是容许'各自发展的异'中之同,它是承认它们而又处于它们之上的一个谐和,它不是由一个国家强制其他,因此,他不能不王道,不能不代表理性"③,

---

① 牟宗三:《道德的理想主义》,58 页。长春:吉林出版集团有限公司,2010 年。
② 同上,65 页。
③ 同上,63 页。

否则就是一种侵略性和强制性的"同"。因为天下至大无外,所以它与一般民众的生活是间接的,而只是政治家之间的活动体现民众与这个体系之间的关系。牟宗三认为康有为式的大同是一个"梦想",这个梦想以"外部的时间阶段之观点,以为家庭国家的阶段已过去,以为要实现大同,必须否定已经过时的家庭国家之封界,以为大同为时间上一个可以独立的阶段,一个可以不要家庭国家为其充实之内容的阶段,把大同完全看成是一个外部的虚悬阶段。"①这样只可能否定个体,泛滥无归。

如果说,《大同书》的普遍主义倾向弱化了儒家的面向的话,②那么牟宗三的论述则既顾及了儒家观念的连续性,也考虑到多元一体的文化普遍主义的图景,从而避免了康有为《大同书》中消除一切差异,甚至消除种族差异这样的极端主义倾向。所以,消除一切差异的"进步"其下一步必然是暴力专权和埋没个体,最终只可能是灾难。

---

① 牟宗三:《道德的理想主义》,61页。长春:吉林出版集团有限公司,2010年。
② 萧公权就认为康有为在将孔子世界化的时候,其中国性和儒家性被削弱。他说:"康氏在《大同书》以及其他著作中,显然将孔子世界化了,孔子不再是中国的至圣先师,而是全人类大同理想的先知。因此康氏神话孔子,似也同降低了孔子的中国性格。作为《大同书》的作者,康氏当然并不特别关怀如何荣耀孔圣,而是要如何使人间制度完美,以指出通往全人类快乐之路。《大同书》的结论也能看出康氏不以某派儒者字句,他于结论中预见儒教与其他由个别文明所产生诸教,都将消蚀。"萧公权:《近代中国与新世界:康有为变法与大同思想研究》,391—392页。南京:江苏人民出版社,1997年。

不过,现代儒家群体中,持有历史倾向的钱穆等对《大同书》评价不高。

分析《大同书》含义,虽若兼容并包,主要不过两端:一曰平等博爱,此西说也,而扬高凿深之,乃不仅附会之于墨翟,并牵率之于释迦。一曰去苦求乐,此则陈义甚浅,仅着眼社会外层之事态,未能深入人性、物理之精微。试问如长素说,无国界、种界,乃至无形界,男女同栖,一年一换,乃至无类界,人与鸟、兽、虫、鱼一视平等,果遂为至乐矣乎?孔、释、耶立教,皆有'无我'一义,《大同书》首曰'入世界观众苦',此等描写,乃佛书烂套耳。苟会得孔、释、耶之无我,则此所谓众苦者,或皆非苦矣。长素独不虑此,虽打破国界、种界、形界、类界,苟使有我见尚存,恐终难觅极乐之趣。要之长素此书,其成之于闻见杂博者,乃长素之时代;其成之于扬高凿深者,乃长素之性度。三百年来学风,久务琐碎考据,一旦转途,筚路蓝缕,自无佳境,又兼之时代之剧变,种种炫耀惶惑于其外,而长素又以好高矜奇之心理遇之,遂以成此侈张不实之论也。①

科学主义造就了理性和实证的态度,所以难以对理想性的维度引发共鸣,但据此来进行诛心式的推断,恐亦不是理解康有为的合适的路径。

---

① 钱穆:《中国近三百年学术史》,742 页。九州出版社,2011 年。

结语　康有为:现代儒学的起点

在中西古今的关系因为各种原因难以获得协调性理解的近一百年内,康有为被各种话语体系包裹着。在革命的话语中,他是一个逐渐跟不上历史节奏的人;在观念史家眼里,他理论的激进性和实践的妥协性难以得到理解的;在理性化和祛魅化的视野里,他力图拯救国家乃至苍生万民的希圣希贤的情怀是癫疯和狂妄的;在科学主义的波浪中,他立足于公羊三世的历史观则是不可思议的怪论;在道德家的眼里,他是一个欺骗者和纵欲者。即便是儒学群体,也不愿意接纳这个试图将儒家与现代性进行对接的前驱。

然而,我们需要重新去看这个人,通过我们对于他这个人所思所行的分析,通过我们对于笼罩在这个世纪中人们眼里的种种视障的剥离,我们可以看到一个整体性的康有为,并得出如下的结论:

第一，我们需要建立一种基于中国自身脉络和西方冲击双重面向的历史叙事，这样我们便可以跨越"革命叙事"中执着于先进和落后的政治立场所带来的局限性，同样也可以超越自由主义和左翼的新的意识形态叙事。康有为作为最早提倡民权、宪政的政治思想家，他是中国现代自由主义思潮的先驱；同样，他对大同理想的新阐发，影响了毛泽东等一批致力于建立中国式社会主义的政治家；甚至是不平等的世界秩序的最早、最系统的批评者。总之，从康有为的思考中我们可以看到自由主义和左翼必须寻求与中国本土的传统的结合，必须以中国自身问题为出发点，而不是从理念和教条出发，才能摆脱各种倾向的教条主义和机会主义，中国的思想才能展现出其内在的复杂性和活动。

第二，如果我们期待有一个新的儒家复兴，或者儒学的第三期和第四期的发展，那么这个新儒学必然是建立在儒家的经典基础之上。现代的教育中断了经典的传承谱系，甚至怀疑经典在一个价值系统中的绝对地位，这样的新儒家是不可想象的。尽管康有为的公羊学立场和对于古文经的怀疑，是经学瓦解的一个环节，但我们认定康有为是现代儒家的开创者，这是因为康有为是始终站在对儒家经典的重新解释的基础上展开儒家的现代性叙事的，而不是放弃经典从康德、黑格尔出发对儒学的哲学化进行思辨。

第三，现代儒学发展必然是整体性的。由于新文化运动将儒家与现代政治秩序对立，儒家被窄化为道德学说和心性哲学，儒家在社会秩序乃至政治规则中的作用被质疑。在这样的质疑中，中国人在自我否定中依然在探索中国人自己的发展路径，而儒家只有回到个体道德修养和社会公共服务的结合中，才是完整的现代儒家，在这方面，我们看到康有为，以及继续这样事业的梁漱溟、张君劢等等，我们可以期待更多。

第四，儒家始终是一种本土化和普遍化相结合的思想。固然儒家出现于曲阜，成熟于齐鲁，并在宋明扩展至东亚。尽管它与道家、墨家以及后来的佛教等思想构成了中华文明的基本精神，但儒家一直有修身齐家治国平天下的自我要求，也有王者无外的普遍主义立场。因此，要摆脱近百年来因应现代性挑战所带来的防御性论证的弱者心态，①复兴儒家并非是狭隘民族主义的表现，更是中国人期待一个良序的世界秩序和以天地万物为一体的博爱精神的体现。从《孔子改制考》到《大同书》，我们可以看到康有为在受外敌侵侮时的保国热诚，也可以看到他对于生灵共生的终极关怀。

第五，儒家是问题导向，而非立场和主义导向的。虽然

---

① 儒家普遍主义当然不是消除了本土性的普遍主义，而是一种"多元的普遍性"，以此来反思西方中心主义和被西方视野所制造的东方主义，这是儒家的现代使命。具体的讨论见陈来《走向真正的世界文化》，载氏著《孔夫子与现代中国》，275—291页。北京：北京大学出版社，2011页。任剑涛则从呼求普世儒学来重提儒学三期发展的使命，亦是要警惕特殊主义对儒学的曲解。见氏著《复调儒学》，台北：台大出版中心，2013年。

康有为公羊三世加进化论的历史观不甚完善,但是在这样的历史观下,所有的问题开始有了时间性和空间性的视野。他既讨论人权、个人自主的问题,也讨论平等和公平的问题;他讨论中央集权和地方自治的问题,也讨论超越民族国家实现世界大同的问题。但行动举措是以当时当地的最迫切问题为衡准,而不为变幻不定的风潮所动。以往的革命史论者总是喜欢讨论他的前后不一、逻辑矛盾,而在实践中,我们也可看到毛泽东等人试图将他的大同构想落实,在观念脉络中李泽厚则愿意把自由主义头衔赠予于他……之所以产生如此多种种看似多重复杂的评价,完全是因为自20世纪以来,人们早已习惯以左右和主义看待问题、评价人物,非此即彼。甚至拿立场作为攻击对手的武器而全然罔顾理想和现实的距离、问题之于主义的优先性。儒家不以主义画地为牢,不以中西为限,坚持家、国、天下的情怀,主张从中国出发,也是基于"自近者始"这样的简单道理,所以能成其大,而在中国摆脱文化虚无主义的自卑感之后,必将成为中国思想的基本资源。

综上,虽然康有为的政治变革设想未尽完成,他的儒学体系亦不尽完善,但是,他打开了种种的可能性。我要说的是,如果存在一个儒家的新发展的起点,那么这个起点就只能是康有为。如果你要为儒学的现代发展贡献力量,那么,请追随康有为。

后　　记

关于儒学分期的关注,肯定不仅仅是一个历史追溯的兴趣,更是因为要考虑一个现代儒学的使命问题。

很长时间以来,我们的历史叙事模式主要是革命史的模式,因此,讨论的重心就会是诸如启蒙与救亡这样的问题,而儒学则或者被看作是启蒙的对象,如五四新文化运动之所为;或是新的国家建设的阻力,如1949年之后对封建流毒的清理。

在这样的概念中,现代新儒家或被视为启蒙的一部分,或是作为现代性的反思者。如此,都很难展现现代儒学与现代中国之间的关系。

所以,现代儒学何为？谁堪为现代儒学的启动者呢？我们已经被似是而非的"最后的儒家"之类的命题所遮蔽。而真正的现代儒学的开启者康有为却因为在革命史模式中的政治立场而得不到恰当的认识。

所以,一直想写一些文章来讨论,事实上也写了一些,如《儒学第三期发展重思》(刊于《学习与探索》2013年第1期)、如《康有为的"建国方略"》(刊于《读书》2014年第8期),但一直觉得问题没有说清楚。后来张旭教授看过我的一些稿件,建议我看海登·怀特的一些作品,最终让我确立了从历史叙述的讨论中去发现康有为对现代儒学的意义。

任何问题的思考的推进都需要得到师友的批评和建议。我曾就书中的许多问题多次向方克立先生请教,先生亦曾致信纠正谬误若干,不胜感激。2014年6月17日,应柯小刚先生的邀请,以"儒学分期与康有为问题"为题在同济大学做了一个报告,其中曾亦、柯小刚和朱承等教授的讨论给我很多的启发。2014年6月25日。在康有为的故乡广东南海西樵镇举办的"康有为与制度化儒家"会议上,我依然以这个主题做了报告,其中听到了更多的批评。在这个会议后,我对这个问题的认识进一步明晰化,这本书的结构的定型与这次会议有很大的关系。

在北京的酷暑中,每天通过康有为的著作与这位传奇的人物进行着各种各样的对话,更确切地说,我是一个很认真的倾听者,而我之所以要将这些内容传达出来,是因为他所思考的问题至今依然需要新的推进。一个伟大的思想者并不是因为他提供了所有正确的答案,而是他所思所想在不同的时期都能找到共鸣者。

本书的写作依然要感谢倪为国先生的催促。同时也要感谢潘宇女士对于文稿的审读与整理,陈壁生教授也提供了意见,干浥同学帮助翻译了目录。

干春松

2014年9月于海淀万柳寓所

图书在版编目(CIP)数据

康有为与儒学的"新世"/干春松著.--上海:
华东师范大学出版社,2015.3
(六点评论)
ISBN 978-7-5675-2981-6

Ⅰ.①康… Ⅱ.①干… Ⅲ.①康有为(1858~1927)—儒家—哲学思想—研究 Ⅳ.①B258.5②B222.05

中国版本图书馆 CIP 数据核字(2015)第 012979 号

华东师范大学出版社六点分社
企划人 倪为国

本书著作权、版式和装帧设计受世界版权公约和中华人民共和国著作权法保护

六点评论
康有为与儒学的"新世"

作　　者　干春松
责任编辑　倪为国　陈廷烨
封面设计　卢晓红
出版发行　华东师范大学出版社
社　　址　上海市中山北路3663号　邮编　200062
网　　址　www.ecnupress.com.cn
电　　话　021-60821666　行政传真　021-62572105
客服电话　021-62865537
门市(邮购)电话　021-62869887
地　　址　上海市中山北路3663号华东师范大学校内先锋路口
网　　店　http://hdsdcbs.tmall.com

印刷者　上海景条印刷有限公司
开　　本　889×1194　1/32
印　　张　6
字　　数　95千字
版　　次　2015年3月第1版
印　　次　2015年3月第1次
书　　号　ISBN 978-7-5675-2981-6/B·905
定　　价　35.00元

出版人　王　焰

(如发现本版图书有印订质量问题,请寄回本社客服中心调换或电话021-62865537联系)

汉语思想的文体形式
刘宁◎著

汉语思想具有独特的表达方式,经学传统中的注疏、经义、语录,子学传统中的论养体,文章学传统中的论、议等说理议论文体,这三大文体传统各有其形成渊源、形式特点,彼此交融互涉,共同建构了汉语思想的传统表达方式。近代以来,西学思想表达的论著体式进入中国,并逐渐取得支配性的地位,《汉语思想的文体形式》将详细分析这一过程,并指出,这并不是一个由论著体简单取代注疏体的过程,而是西学论著体式与汉语三大思想文体传统发生了复杂的冲突与交融。今日所谓"汉话胡说"之"胡说"的独特面貌,与这个交融的过程有密切的联系。本书揭示了汉语思想表达的文体传统,"汉说"在中国历史上究竟意味着怎样的一整套丰富的表达方式。

经学的瓦解
陈壁生◎著

随着辛亥革命带来的帝制消失,与新文化运动带来的反传统思潮,中国学术也卷入了一场深层次的"革命"之中。这场革命的核心内容就是:经学的瓦解。《经学的瓦解》展现了西学东渐中,中国学术研究的主流整体性从章太炎的"以史为本"转向胡适之的"以史料为本",新文化运动、整理国故、古史辨相继兴起,全面移植西方学术分科,从而实现中国学术现代转型的基本历程。本书从经学角度对现代分科之学赖以成立的一系列预设提出质疑。中国文明的核心即在经学,经学大义之相传,方能保礼乐文明之不坠。作者提出:重回经学!

阿Q生命中的六个瞬间
汪晖◎著

本书是汪晖关于鲁迅以及辛亥革命研究的最新力作。作者通过对阿Q生命中的六个瞬间的细致分析,把阿Q的形象置于中国革命的历史解释和文学叙述中来解读,从崭新的视野回答了鲁迅《阿Q正传》研究史上的三大经典问题,由此对辛亥革命和现代启蒙进行思考。

重回王道:儒家与世界秩序
干春松◎著

儒家能否复兴?又该如何复兴?本书当置于儒家复兴的现代处境,立论于中国的经学传统,讨论中国的"王道政治"问题,提出了"王道政治"与世界秩序的通约,在此基础上探索儒家(政治传统)复兴的可能性,以及如何复兴,复兴什么。作者以独到的见解、丰富的材料、严谨的论述、尖锐的语言回答了:中国回归王道政治的若干选择。

儒家道统说新探
梁涛◎著

本书首先从清华简《保训》切入,以长篇论文形式探讨儒家之"中",内容涉及先秦儒家的"弘道"意识、宋代儒家学者道统说辨疑、中道思想溯源等,在此基础上,作者重新思考儒家道统论,认为儒家道统既非朱熹等宋儒构造的"仁义—中",亦非历史上曾经存在的"礼义—中",而是二者的结合,是仁学与礼学的结合。

为"三纲"正名
方朝晖◎著

方朝晖明确挑战那种认为"三纲"完全是封建糟粕的非历史主义分析。本书中他指出,三纲思想源于孔子的春秋学,是孔子在春秋时代针对社会失序所提出的匡正之说;通过董仲舒等汉儒,以及朱熹等宋儒的研究,揭示了中国历史上提倡"三纲"的学者从未主张无条件服从,或绝对的等级尊卑。而经过现代分析得到批判继承的三纲思想对当前的社会秩序建设有重要现实意义。

文言与白话:一个世纪的纠结
张宝明◎著

学衡派从学理出发与新青年派进行了对中国现代文化发展意义深远的"文白之争"。新青年派与学衡派,一个热衷于兼收并蓄的"杂文学",一个钟情于自成一体的"纯文学"。在他们不同的文学观念背后,实则隐藏着话语与权力的文化博弈。本书从语言到话语,从话语到思想,逐层深入,挖掘文言白话论争背后隐含的各种复杂的社会历史,特别是话语权力的痕迹,这会让我们触摸到文言白话的变革所承载的现代中国历史上语言博弈、思想冲撞、社会变迁等复杂内容。

自由与责任四论
谢文郁◎著

本书作者谢文郁将"权利"(自由)与"责任"作为划分政治类型的关键词,循序渐进地论述"权利"与"责任"两种政治的历史渊源,以及此二种政治下的教化问题,其意在努力"寻找一种健康的政治"。作者仅就历史与现实的视角,以学术理论的方法分别剖析此二种政治体系,期盼中国能秉持儒家仁政,传承"责任政治",以"责任"为本,吸纳西方"权利"对人权的尊重,截彼之长补己之短,将"权利"与"责任"冶为一炉,为中国政治治理提供借鉴。